AF643063

Nachhaltig Reisen

Titelabbildungen:
Huber Images, Garmisch-Partenkirchen

Bildnachweis:
Alle Bilder wurden von Stefanie Sohr aufgenommen, bis auf:
Adobe Stock: 179
camping-helloer.de: 127
Fährhaus Missunde, Brodersby: 127
Gut Oehe, Maasholm: 85
Huber: 25, 26u. 27o., 27u., 29o., 87, 88 o., 89 o.l., 93, 94, 100, 133, 134, 135, 138, 152/153, 187, 188, 191
Imago: 10, 12, 18u., 19, 22, 108
Yves-Raphael Loerke – yorbiter.com: 107, 146, 147
Wiki: 9, 11u., 24, 29u., 32u., 35, 36/37, 44, 48o., 49, 54/55, 66, 80/81, 80u., 90/91, 98/99, 101, 102/103, 114, 116/117, 117 m., 119, 120m., 120u., 136 o.l., 136m., 136/137, 139, 140o., 140 m., 148l., S.150o., 154, 155o., 175, 177, 185, 192

Der Verlag bedankt sich bei allen, die für dieses Buch Fotomaterial zur Verfügung gestellt haben, für die freundliche Unterstützung und die gute Zusammenarbeit.

Bibliografische Information der Deutschen Nationalbibliothek
Die Deutsche Nationalbibliothek verzeichnet diese Publikation in der Deutschen Nationalbibliografie; detaillierte bibliografische Daten sind im Internet über http://dnb.d-nb.de abrufbar.

ISBN 978-3-8319-0836-3

© Ellert & Richter Verlag GmbH,
Hamburg 2023

Dieses Werk einschließlich aller seiner Teile ist urheberrechtlich geschützt. Jede Verwertung außerhalb der engen Grenzen des Urheberrechtsgesetzes ist ohne Zustimmung des Verlages unzulässig und strafbar. Dies gilt insbesondere für Vervielfältigungen, Übersetzungen, Mikroverfilmungen und die Einspeicherung und Verarbeitung in elektronischen Systemen.

Text: Stefanie Sohr, Hamburg
Gestaltung: BrücknerAping, Büro für Gestaltung, Bremen
Gesamtherstellung: ADverts, Riga, Lettland

FSC www.fsc.org MIX Paper | Supporting responsible forestry FSC® C106236

www.ellert-richter.de
www.facebook.com/EllertRichterVerlag
www.instagram.com/ellert_richter_verlag

Stefanie Sohr

Nachhaltig Reisen

Flensburger Förde
Geltinger Bucht
Schleswig und die Schlei
Eckernförder Bucht

Ellert & Richter Verlag

Inhalt

Vorwort

Liebe Leserin, lieber Leser,

als Hans Carlo von Carlowitz 1713 den Begriff Nachhaltigkeit prägte, war das Reisen zum Vergnügen noch eine Utopie. Sein Rat vom „respektvollen und pfleglichen Umgang mit der Natur" hat sich aber als richtig erwiesen. Auch beim Reisen. Wer sanften Tourismus für sich entdeckt, merkt bald, dass es um mehr als ein grünes Gewissen geht. Nachhaltig reisen bedeutet ein echtes Einlassen auf Landschaft und Lebensart – im Tempo so langsam, dass die Seele Schritt halten kann. Es klingt zunächst nicht spektakulär, fühlt sich aber an wie ganz große Ferien, ein wenig abenteuerlich und sehr frei.

Das gilt allemal im nördlichen Schleswig-Holstein, wo sich drei Meeresarme von der Ostseeküste in die hügelige Bilderbuchlandschaften Angeln und Schwansen strecken. Da wäre zunächst an der Grenze zu Dänemark die Flensburger Förde mit ihren hohen Hängen und leuchtenden Buchenwäldern, die bis ans Wasser wachsen. Dann die mäandrierende Schlei, die gern mit einem Fjord verglichen wird und mal einem Fluss gleicht, mal dem Meer, mal einer Seenkette und zu den schönsten Segelrevieren Deutschlands zählt. Schließlich die Eckernförder Bucht, deren Strände und Steilküsten am ehesten dem klassischen Ostseebild gleichen.

Es braucht nicht viel, um dem speziellen Zauber der drei Förden zu verfallen. Weniger trifft es besser. Ein Auto zum Beispiel ist oft hinderlich. Es sind die Schleichwege und Wiesenpfade, die Knicklandschaften und Küstenwälder, die verschwiegenen Winkel und abgelegenen Orte, die Angeln und Schwansen zu etwas Besonderem machen. Nicht, dass es keine Kehrseite gäbe, keinen harten Tourismus und Bettenburgen. Aber dem kann, wer mag, entgehen. Und besser noch mit jeder Marmelade aus dem Hofladen, jeder Busfahrt über Land, jedem freundlichen Moin, jedem „respektvollen und pfleglichen Umgang mit der Natur", mithelfen, dass es so bleibt.

Stefanie Sohr

1 | *Kollunder Wald*
Am Anfang war der Wald

Himmelhoch ragen Buchen am steilabfallenden Ufer auf. Durch das Frühlingsgrün schimmert die Flensburger Förde in allen Meeresfarben. Wellenrauschen mischt sich mit Vogelgesang.

Schon als die ersten topografischen Karten entstanden, es war im 17. Jahrhundert, zeigten sie an der Nordseite der Flensburger Förde einen Wald. In Wahrheit ist er sogar viel, viel älter. Mit großer Wahrscheinlichkeit reichen seine Wurzeln bis ans Ende der letzten Eiszeit zurück. Etwa 10.000 Jahre war alles gut.

1870 aber avancierte der Kollunder Wald zum beliebten Ausflugsziel und geriet darüber ins Visier gewisser Investoren. Man kann es ihnen gar nicht verdenken. Man ist ja selbst auch heute noch ganz hingerissen von der märchenhaften Anmutung des 130 ha großen Küstenwaldes. Vom Auf und Ab seiner federnden Pfade. Von uralten Eichen und Buchen, die hoch in den Himmel wachsen. Und der Förde. Sie schimmert in allen Meeresfarben durch das Grün. Holzbrücken spannen sich über Quellbäche und tiefe Täler. Spazierwege ziehen sich als Galerien entlang steiler Hänge. Ja, das wäre eine fabelhafte Kulisse für eine Sommervilla im Gründerzeitstil.

Doch auch 1870 gab es schon Menschen, die es anders sahen. Allen voran Dr. Ernst Maria Großheim. Den Mediziner könnte man als ersten Umweltaktivisten Flensburgs bezeichnen. Als die damaligen Besitzer den Wald roden und für Bauzwecke parzellieren wollten, gründete er das „Comité zum Ankauf eines bestimmten bewaldeten Terrains in Collund“.

2.000 Taler spendeten die Bürger zur Rettung des Waldes. Die Stadt Flensburg legte noch einmal 2.000 dazu. So gelangte er in städtisches Eigentum.

Selbst bei der Grenzziehung 1920, als Kollund sich für das kleine Königreich entschied, blieb der Wald in deutschem Besitz - obwohl auf dänischem Gebiet. Bei der Schusterkate befindet sich der erste von 280 Grenzsteinen, die den Gendarmstien (Gendarmenweg) markieren. Früher lief dort die Grenzgendamerie Tag und Nacht

Im Kollunder Wald trifft der Gendarmpfad auf die Flensburger Förde. Bis zum Ziel auf der Insel Als wird der beliebte Fernwanderweg sie auch nicht mehr verlassen.

Streife. Heute gilt er als der beliebteste Fernwanderweg Dänemarks. Folgt man seiner Beschilderung knappe zwei Kilometer, gelangt man an eine besonders spektakuläre Schlucht. Dort erinnert ein einfacher Granitstein an Dr. Großheim. Besser als ein Denkmal hätte ihm wohl gefallen, wenn der Wald wie von ihm vorgesehen *„zum ewigen Eigenthum mit parkähnlicher Bewirthschaftung“* im Besitz der Stadt verblieben wäre. Doch angesichts knapper Kassen veräußerte Flensburg den Wald 2006 an einen dänischen Privatmann. Der veranschlagte Kaufpreis betrug 1,2 Millionen Euro. Laut BUND durchforstete der neue Besitzer den eindrucksvollen alten Baumbestand mit großem Gewinn. Sein ökologischer Wert hingegen sank deutlich.

Dass der Wald sich nun wieder erholen darf, ist der nationalen Naturschutzstiftung in Dänemark, Den Dankse Naturfond, zu verdanken. Sie erwarb den Wald 2017. Das ist nun nicht nur eine gute Nachricht für alle, die sich um die Natur sorgen, sondern auch für alle, die schon immer mal eine Nacht in der Wildnis verbringen wollten. In Deutschland ist das Übernachten in freier Natur nur an sehr wenigen Orten erlaubt. In Dänemark hingegen ist es ganz normal und ausdrücklich erwünscht. Dahinter steckt der gleiche Gedanke, den auch der berühmte Tierfilmer Heinz Sielmann formulierte: Nur, wer die Natur kennt und liebt, wird sie auch schützen.

INFO

Der Kollunder Wald reicht bis an die deutsch-dänische Grenze. An der roten Schusterkate im Bullerbü-Look stellt eine schmale Fußgängerbrücke über die Krusau seit 1920 einen der kleinsten Grenzübergänge Europas dar.

Anreise

Vom Flensburger Bahnhof startet die Buslinie 1 alle 20 Minuten ins dänische Krusau. Die Haltestelle Kupfermühle, Harrislee liegt noch auf deutscher Seite und ist nach 20 Minuten erreicht. Von dort sind es über den Dammweg nur 500 Meter bis zum Grenzübergang.

Unterkommen

Shelter werden die einfachen Holzunterkünfte genannt, die man hoch oben im Wald oder dicht am Fördeufer findet. Wasser und Elektrizität gibt es nicht. Dafür aber eine Feuerstelle mit Grillmöglichkeit. Auch ein Zelt darf man an einer versteckten Stelle aufschlagen. Die Übernachtungsplätze können gegen eine Gebühr von 50 DKK auf www.booksonderjylland.dk reserviert werden. Bis zu zwei Nächte darf man dort verbringen. Müll, Musik und alles andere, was Tiere oder Menschen stören könnte, ist nicht erwünscht.

Einkehren

Zum Frühstück wandert man nach einer Nacht im Freien etwa 1,5 Kilometer durch das nächste Naturschätzchen. An der Renaturierung und dem Schutz des Krusau Tunneltals arbeiten Deutschland und Dänemark seit Jahren und mit Unterstützung der EU eng zusammen. Dort wartet im Direktionshaus der alten Kupfermühle frisch aufgebrühter Kaffee im Café LaFe ❶.

Erkunden & Erleben

Das alte Hammerwerk der Kupfermühle ❷ ließ der dänische König Christian IV. im 17. Jahrhundert an der Krusau anlegen. Die älteste Arbeitersiedlung Norddeutschlands ist genau wie die Ausstellung in den denkmalgeschützten Hallen unbedingt sehenswert.

❶ **Café LaFe**
Zur Kupfermühle 17
24955 Harrislee
T 0151 51943905
Cafelafe.de

❷ **Industriemuseum Kupfermühle**
Messinghof 3
24955 Harrislee
T 0461 4077125
museum@kabelmail.de
www.industriemuseum-kupfermuehle.de

2 | *Harrislee*
Wandern auf dem Fördesteig

Die Holzbrücke an der Schusterkate ist einer der kleinsten Grenzübergänge Europas und Startpunkt für das schönste Wanderabenteuer in Schleswig-Holstein.

Auf der Fußgängerbrücke im Kollunder Wald geben sich nicht nur Deutschland und Dänemark die Hand, sondern auch der dänische Gendarmstien und der deutsche Fördesteig. Während unsere nordischen Nachbarn ihren Fernwanderweg schon seit Urzeiten fest ins Herz geschlossen haben, ist das Wandern noch immer nicht aller Norddeutschen Lust. Daher geht es auf den wunderbar naturnahen Pfaden am südlichen Ufer auch weitaus luftiger zu. Und das ist nicht der einzige Grund, um sich auf die Socken zu machen.

Der Fördesteig kennt optisch kaum eine Durststrecke. Ein großzügiger Wasservorrat ist allerdings ratsam. Auf einigen Abschnitten trifft man auf nichts und niemanden.

Wandern ist die nachhaltigste Form des Reisens. Es funktioniert prima mit Menschen, mit denen man sich viel zu erzählen hat. Genauso schön ist es mit Menschen, mit denen man gut schweigen kann. Allein Wandern gleicht einer Meditation. Wandern kann man immerzu und überall. Das macht unabhängig. Es tut gut, wenn man glücklich ist. Aber auch wenn man Kompliziertes im Kopf hin- und herbewegt. Wer wandert, findet automatisch zum richtigen Maß. Man bewegt sich im ureigensten Tempo. Man isst, wenn man hungrig ist. Man steht mit der Sonne auf und geht auch mit ihr zu Bett. Man schläft wie ein Kind. Wandern macht zudem bescheiden. Man hat alles auf dem Rücken, was man braucht, und wird sich bewusst, wie wenig das sein muss. Fast könnte man da schon von Demut sprechen. Denn wer gehen kann, kann glücklich sein. Darauf läuft es beim Wandern hinaus. Ob die Kondition für fünf oder fünfzig Kilometer reicht, ist nebensächlich.

Die erste Infotafel des Fördesteigs steht wenige Meter von der Grenzbrücke entfernt und schickt auf ein etwa 70 Kilometer langes Abenteuer dicht an der Flensburger Innen- und Außenförde entlang bis zur offenen Ostsee. Dort schließt sich in Falshöft nahtlos der Ostseesteig an, der wiederum in den Schleisteig übergeht. So könnte das Wanderabenteuer um 25 Kilometer und einen Tag bis nach Kappeln verlängert werden. Konzentriert man sich rein auf die Ufer der Flensburger Förde, benötigt man bei durchschnittlicher Kondition bummelig vier Tage. Der erste könnte nach Glücksburg führen.

Bei einer Umwanderung der Halbinsel Holnis hat man einen schönen Blick auf die hügelige Landschaft und das gegenüberliegende dänische Ufer der Flensburger Förde.

Sich zwischen Start und Ziel auf diesem ersten Tag zu verlaufen, ist schwer. Der Weg ist gut ausgeschildert, mal mit blauen Richtungspfeilen, mal mit der Förde-Silhouette. Höchstens wenn ein lichtblauer Himmel oder dunkelseidiges Wasser alle Aufmerksamkeit beansprucht, könnte einem doch einmal ein Wegweiser entgehen. Eine knifflige Stelle liegt kurz hinter der Flensburger Hafenspitze, wo es am Lautrupsbach in den Volkspark hinaufgeht. Danach kann man sich den Stadtansichten hingeben, dem perfekten Auf und Ab der hohen Ufer, entspannten Seglerhäfen, versteckten Mini-Stränden, lebendigen Ostseebädern, hell leuchtenden Buchenwäldern und immer wieder der Förde, von der die Flensburger behaupten, sie sei die schönste Förde der Welt. So erreicht man das Ostseebad Glücksburg vollkommen bezaubert und pünktlich zum Essen.

Wer den Fördesteig Stück für Stück wandert, tritt von Glücksburg den Rückweg mit dem Bus an oder lässt sich von der Fähre nach Flensburg zurück schaukeln. Im Rahmen einer Weitwanderung ist ein Nachtlager in Glücksburg empfehlenswert. Erstens sind nun 16 Kilometer geschafft. Das ist eine prima Distanz für einen Anreisetag; selbst wenn man erst gegen Mittag in Flensburg losgelaufen ist. Das lässt zweitens noch genügend Puste für die Highlights der nördlichsten Stadt Deutschlands. Und drittens findet sich in Glücksburg mit großer Wahrscheinlichkeit eine Unterkunft für nur eine Nacht. Das ist längst nicht überall entlang des Fördesteigs der Fall. Auf den folgenden Küstenkilometern stehen erstaunlich wenig Hotels zur Verfügung. Und vor allem im Hochsommer vermieten etliche Gastgeber lieber wochenweise. Frühzeitig planen ist also Pflicht (ein Puzzlespiel wird´s trotzdem, aber eines der vergnüglichen Art). Fernwandernde mit Zelten auf dem Rücken geraten auf dem Fördesteig allerdings nie in Verlegenheit. Sie können unterwegs spontan entscheiden, wo sie schlafen möchten. An Campingplätzen mangelt es in Angeln nicht.

INFO

Den Fördesteig hat der NABU Ostangeln konzipiert. Er ist in zwölf Etappen unterteilt, die mit einer Länge von rund fünf Kilometern auch wunderbare Spaziergänge abgeben. Wegbeschreibungen, Karten und sonstige Infos gibt es online oder als PDF zum Download unter www.foerdesteig.de

Anreise

Mit der Bahn bis Flensburg. Dort weiter mit Buslinie 1 nach Harrislee, Haltestelle Kupfermühle. Von dort sind es über den Dammweg 300 Meter bis zur ersten Infotafel am Startpunkt des Fördesteigs. Diese 300 Meter wandert man dann gleich wieder zurück. Dies jedoch liebend gern – so wie den gesamten Fördesteig.

Vorschlag für die Tourenplanung

Tag 1: Flensburg – Glücksburg, ca. 16 km
(mehr Infos zum Etappenziel in Kapitel 6)

Tag 2: Glücksburg – Langballigau, ca. 19 km
(mehr Infos zum Etappenziel in Kapitel 10)

Tag 3: Langballigau – Steinberghaff, ca. 18
(mehr Infos zum Etappenziel in Kapitel 17)

Tag 4: Steinberghaff – Falshöft, ca. 17
(mehr Infos zum Etappenziel in Kapitel 19)

3 | *Harrislee*
Auf dem Ostseeküsten-Radweg

Die Robustrinder auf den Wiesen von Angeln lassen sich von Radfahrenden nicht aus der Ruhe bringen. Das haben sie mit den Landschaftspflegern gemeinsam.

Auf der weißen Fußgängerbrücke am Kollunder Wald geben sich nicht nur der dänische Gendarmstien und der deutsche Fördesteig die Hand, sondern auch der dänische und deutsche Ostseeküsten-Radweg. Der deutsche Abschnitt führt auf knapp 1.100 Kilometern durch Schleswig-Holstein und Mecklenburg-Vorpommern bis zur polnischen Grenze auf der Insel Usedom. Er ist einer der beliebteste Radfernwege überhaupt und zudem für viele der beste Grund, ohne Auto an die Ostsee zu fahren. Nicht nur, dass sich das Leben mit Wind in den Haaren und Wellenrauschen im Ohr einfach freier anfühlt als in einer Blechkiste. Die schönsten Abschnitte der filigranen Küsten bleiben motorisierten Reisenden auch verborgen.

Die 125 Kilometer von Flensburg durch Angeln und Schwansen nach Eckernförde schaffen Sportskanonen an einem Tag. Wem es in der Freizeit nicht ums Schaffen, sondern ums Erleben geht,

Einen strahlend blauen Frühlingshimmel sollte man auf dem Ostseeküsten-Radweg nie voraussetzen – und umso mehr genießen, wenn er dann doch anbricht.

nimmt sich mindestens ein Wochenende Zeit. An den Ufern der Flensburger Förde, der Schlei, der offenen Ostsee und der Eckernförder Bucht warten derart viele Eindrücke, Naturschönheiten, versteckte Winkel, empfehlenswerte Abstecher, malerische Häfen und Einkehrmöglichkeiten, das man ständig lieber bleiben als fortfahren möchte. Auf der Tour haben sich schon viele in Angeln und/oder Schwansen verliebt. Beide Regionen machen es einem auch wirklich nicht schwer. Wer allerdings länger nicht – oder sogar noch nie – tagelang im Sattel saß, sollte über ein E-Bike nachdenken. Speziell an der Flensburger Förde geht der Ostseeküsten-Radweg durchaus mal in die Beine. Und auf der gesamten Strecke kommen sogar Süddeutsche zu dem Schluss: Wind kann Berge ersetzen.

Freie Fahrt für Zweiräder – durch Felder und mit Ostseeblick. Die schönsten Streckenabschnitte zwischen Damp und Schönhagen sind für den Autoverkehr gesperrt.

Die Rapsblüte läutet in Schwansen den Frühling ein. Im warmen Jahren beginnt das große, gelbe Leuchten schon Ende April; ganz sicher aber im Mai.

Rot-weiß geringelt wie im Bilderbuch thront der Leuchtturm von Falshöft spektakulär zwischen dem Naturschutzgebiet Geltinger Birk und der offenen Ostsee.

INFO

Den exakten Routenverlauf, Etappenvorschläge, GPS-Touren, Fahrradverleiher und Tipps für Sehenswürdigkeiten vor Ort gibt es auf ostsee-schleswig-holstein.de/ostseekuestenradweg.

An-/Abreise

Mit der Bahn bis Flensburg. Von dort 1,5 Kilometer zur Hafenspitze runterrollen. Der Endpunkt Eckernförde ist ebenfalls an die Bahn angeschlossen. Wer verlängern will, radelt noch einen Tag weiter – über den wundervollen Dänischen Wohld nach Kiel.

Wegführung

Der Ostseeküsten-Radweg ist durchgehend beschildert. Das blau-gelb-grüne Logo bringt auf den Punkt, was man von der Strecke erwarten darf: Viel Meer, Strände wie Perlen an der Schnur und ein sanft geschwungenes Hügelland.

Unterkommen

Der Allgemeine Deutsche Fahrrad-Club e.V. (ADFC) setzt sich für eine konsequente Förderung des Fahrradverkehrs und damit eine nachhaltige Verkehrswende ein. Mit dem Qualitätslabel Bett & Bike zertifiziert der ADFC fahrradfreundliche Unterkünfte. Von Campingplätzen über einfache Pensionen bis zu komfortablen Hotels findet man das Passgenaue über eine Suchmaske auf www.bettundbike.de/unterkuenfte-finden#/.

4 | *Wassersleben*
Strandretter werden

Einen Kilometer nördlich von Flensburg bezaubert die Bucht von Wassersleben Segler, Sonnenanbeter, Badegäste und Waldläufer gleichermaßen.

Wassersleben, das westlichste Ostseestrandbad Deutschlands, schmiegt sich halbmondförmig zwischen die Flensburger Förde und das Landschaftsschutzgebiet Kluesrieser Gehölz. Mit dem ehrwürdigen über hundertjährigen Strandhotel, den bunten Hütten des SUP-Verleihs, der neuen Promenade mit hölzernen Ruheliegen und dem hübsch bepflanzten Strandwall scheint die feinsandige Bucht aus Wohlgefallen zu bestehen. Wären da nicht die Müllcontainer. Dicht an dicht reihen sie sich während der Badesaison auf dem Sand. Wie zur Mahnung, was wir den Stränden, der Natur überhaupt, zumuten. Dabei wissen wir es ja selbst. Es ist allerdings sehr kompliziert geworden, all das zu vermeiden, was Umwelt und Klima schadet; oft genug auch unmöglich. Sich deswegen permanent schlecht zu fühlen, ist aber auch keine Lösung. Besser ist es, sich auf das Machbare zu konzentrieren. Gerade an

Rostige Dosen am Strand können ein Ärgernis sein – oder eine bestechend gute Idee. Aufgehängt wurden die kleinen Strandretter vom Verband der Natur-Freunde Deutschlands.

einem Strandtag. Da hat man ja Zeit. Das Auto für den Bus stehen zu lassen, spart schon mal eine Menge Schadstoffe. So trägt man auch nicht dazu bei, dass ständig weitere Grünflächen zugunsten von Parkplätzen zubetoniert werden. Man nimmt nebenbei noch Rücksicht auf entnervte Anwohner und stärkt den Öffentlichen Nahverkehr.
Ihren Müll in die Abfalleimer zu werfen, ist für die meisten selbstverständlich. Wer ihn aber wieder mit nach Hause nimmt, macht es sogar noch besser. Gar keinen Müll zu produzieren ist Königsklasse und wer einen ollen Coffee-to-go-Becher vom Boden aufhebt, obwohl jemand anderes ihn dort fallengelassen hat, verlässt den Strand von Wassersleben in besserer Verfassung als er ihn vorfand. Der NABU zelebriert das immer im September sogar als Happening. Im Rahmen des International Coastal Clean up Day

Wunderbar seicht läuft die Flensburger Förde auf den feinsandigen Strand von Wassersleben zu. Da können selbst kleine Kinder ungefährdet im Wasser plantschen.

sammeln Hunderte Freiwillige dann an Küsten, Stränden und Flussufern tausende Kilogramm Plastikmüll, kaputtes Spielzeug, leere Sonnenmilchtuben, Verpackungen, seit Beginn der Pandemie auch Masken und anderen Unrat.

Die häufigsten Fundstücke sind in schlechter Regelmäßigkeit Zigarettenkippen. Das ist keineswegs ein rein optisches Problem. Die 7.000 toxischen Inhaltsstoffe vergiften nicht nur Wasserlebewesen und Seevögel. Die Kippen verfallen auch zu Mikroplastik, sind also nicht biologisch abbaubar. In Wassersleben lässt sich das auf einer Objekttafel des Verbands der NaturFreunde nachlesen. Am unteren Ende des Schildes baumeln zu Strandaschenbechern umfunktionierte alte, rostige Dosen. Die kann man mit zum Badetuch nehmen und nach dem Strandvergnügen wieder an ihren Haken hängen. Die Idee ist bestechend, weil alte Dosen nicht extra hergestellt werden müssen und niemand auf den Gedanken kommt, sie zu mopsen. Längst hängen Dosen nicht nur an den offiziellen Badestränden. An etlichen Bänken oder Zäunen entlang der Küste sind Einheimische dem Beispiel in Eigenregie gefolgt. Den Gedanken weiter zu tragen, wäre ein wirklich nachhaltiges Souvenir.

An-/Abreise

Buslinie 1 vom Flensburger ZOB, Haltestelle Wassersleben. Auf dem Hin- oder Rückweg lohnt es sich, die Haltestelle Ostseebadweg zu nutzen. Dort liegt der erste Flensburger Strand. Er ist mit Wassersleben über einen schönen, etwa 2 km langen Uferweg verbunden.

Hotel Wassersleben
Wassersleben 4
24955 Harrislee
T 0461 7742 0
hotel-wassersleben.de

Einkehren

Fleischlos isst man richtig gern, wenn es so gut schmeckt wie der Veggie-Burger im Hotel Wassersleben.

Gewässerretter werden

Mehr zum jährlichen International Coastal Cleanup kann man auf den Seiten des NABU erfahren. Auch wer selbst eine Aufräumaktion starten möchte, ob am Strand, im Landesinneren oder vom Wasser aus, findet Tipps für die Planung und Durchführung unter www.nabu.de/natur-und-landschaft/aktionen-und-projekte/meere-ohne-plastik/gewaesserretter/.

Ein Spaziergang am Meeressaum ist die norddeutsche Variante von Meditation. Stört Zivilisationsmüll im Treibsel das innere Om, hebt man ihn einfach auf.

5 | *Flensburg*
Der Flensburger Weg

Wer Kiel einen Tick zu kantig findet, Lübeck zu niedlich und Hamburg zu gentrifiziert, wird Flensburg lieben. Vielleicht fast so sehr wie die Flensburger selbst. Wie jede Universitätsstadt vibriert auch die kleine Fördemetropole vor nachhaltigen Impulsen, Initiativen und Ideen. Das macht Mut angesichts der Herausforderungen, die auf die jüngeren Generationen zukommen und hat in Flensburg gute Tradition. Etliche ältere Semester haben hier schon vor Jahrzehnten verstanden: nichts ist so nachhaltig wie der Erhalt.

Wenn die über Hundertjährige Salondampferdame *Alexandra* tutet, gehen Flensburger Herzen auf. Noch immer lädt „die Alex" von Mai bis September zur Fördefahrt ein.

Holzboote spiegeln sich in der Flensburger Förde. Sie ankern im Museumshafen, einem lebendigen Erinnerungsort für die Klein- und Küstenschifffahrt auf der Ostsee.

Er manifestiert sich in den bildschönen Booten des Vereins Klassische Yachten, die an der Hafenspitze ankern. Sie bilden den Auftakt des historischen Hafens, der sich bis zum Museumhafen e.V. zieht. Mittendrin werkelt der Nachwuchs in der Museumswerft, stehen die Leute Schlange an Bens weltbester Fischbrötchenbude, tutet Publikumsliebling *Alexandra*, eine elegante Salondampferdame von 1908. Dass auch dieses schwimmende Kulturdenkmal von einem gemeinnützigen Verein gehegt und gepflegt wird, versteht sich in Flensburg offenbar von selbst. Wieviel Engagement und Herzblut in den verschiedenen Projekten steckt, zeigt sich noch in der kleinsten Schiffsschraube.

Erhalten statt neu bauen. Das Prinzip schont jede Menge Ressourcen. Und der ästhetische Gewinn ist auch nicht von der Hand zu weisen. Davon kann man sich auf dem Flensburger Kapitänsweg überzeugen. Der ungeführte Stadtbummel ist mit Pflastersteinen markiert, die ein stilisiertes Steuerrad zeigen. Er startet am Schifffahrtsmuseum und führt auf gut fünf Kilometern zu 14 Stationen an die Kais, in verwinkelte Gassen, durch Gründerzeitstraßen und auf grandiose Aussichtsplätze.

❶ **Werftcafé Flensburg**
Schiffbrücke 44
24939 Flensburg
T 0157 38928873
instagram.com/werftcafe_fl

❷❸ **Hafenküche Flensburg**
Schiffbrücke 40
24939 Flensburg
T 0461 40717808
hafenkueche-flensburg.de

INFO

Touristinformation Flensburg
Nikolaistraße 8
24937 Flensburg
T 0461 9090920
flensburger-foerde.de

An-/Abreise

Mit der Bahn

Einkehren und Unterkommen

Auf der Museumswerft ❶ sind die Zutaten für Süßes und Deftiges meist regional und bio, fast alle Kuchen vegan und der Kaffee in jedem Fall fair gehandelt.

In der Hafenküche ❷ kommt auf den Tisch, was auf der Tafel steht. Und das kann sich manchmal im Laufe des Abends auch ändern. Als Faustregel gilt: viel frischer Fisch und stets auch ein veganes und ein vegetarisches Gericht.

Unterkunft

Wer sich in der Hafenküche so wohlfühlt, dass er gar nicht wieder weg will, muss es auch nicht, sondern bleibt im Hostel ❸ mit Doppel- und Mehrbettzimmern, en-suite oder Gemeinschaftsbädern, Stellplätzen für Fahrräder, Bücherecke, Gästeküche und auf Anfrage dicken Socken, Wärmflaschen und Regenschirmen.

Der Brasseriehof soll schon Theodor Storm zu der Novelle „Im Nachbarhaus links“ inspiriert haben. Heute wird der Kulturhof von einem Verein bespielt.

Der Oluf-Samson-Gang war mal die sündige Meile von Flensburg. In den 1980er Jahren verwandelten tatkräftige Familien die heruntergekommene Gasse in ein kleines Idyll.

❹ Flensburger Schifffahrtsmuseum
Schiffbrücke 39
24939 Flensburg
T 0461 852970
schifffahrtsmuseum-flensburg.de

Erkunden & Einkaufen

Sieben ständige Ausstellungen erzählen im Schifffahrtsmuseum ❹ vom Flensburger Hafen und dem Alltag auf See, von Tauwerk und Takellage, Maschinen und Motoren und Sklaverei in den Zuckerrohrplantagen, mit denen Flensburger Kaufleute zu gigantischem Reichtum kamen.

Die Vorzeigegasse Rote Straße gehört mit ihren malerischen Höfen zu den beliebtesten Ecken der Stadt. Beinahe wäre sie dem Abrisswahn der 1960er Jahre zum Opfer gefallen. Es waren ansässige Einzelhändler, Gastronomen und Bewohner, die Flensburgs schönste Altstadtmeile liebevoll sanierten. Unter ihnen Familie Braasch ❺. Sie hält die alte Rumtradition Flensburgs bis heute hoch.

❺ Braasch Rum Manufaktur Museum
Rote Straße 26-28
24937 Flensburg
T 0461 1416 00
braasch-sh.de

6 | *Glücksburg*
Glück verpflichtet

Im Strandrestaurant Glückselig ist der Name Programm. Hier plätschert die Schwennau in die Flensburger Förde und der Wind rauscht durch die Bäume im Friedeholz.

Denkt man beim Stichwort Nachhaltigkeit ausschließlich an Verzicht, verhilft ein Spaziergang in Glücksburg zu einem ganz neuen Blickwinkel. Es ist egal, von welchem Standpunkt man ausgeht. Es könnte die Schwennau sein, die so elegant, ja geradezu mondän, daherkommt, wie keine andere in Schleswig-Holstein. Nehmen wir also an, es ist der kleine Naturstrand, wo die Schwennau in die Flensburger Förde mündet. Und nehmen wir weiter an, es ist ein Morgen im August, die Sonne scheint auf glasklares Wasser und in den Baumkronen spielt der Wind. Noch sind alle Strandkörbe frei und das Strandrestaurant Glückselig geschlossen. Der schlichte, schwarze Holzbau mit bodentiefen Panoramafenstern orientiert sich architektonisch an den Ostseelodges, die sich hinter über hundertjährigen Bäumen verstecken. Die Luxusferienhäuser

Für die einen ist Sandwig der Lieblingsstrand beim Strandhotel. Für die anderen die schönste Haltestelle der Welt. Am Fähranleger stieg schon Thomas Mann von Bord.

stehen auf Stelzen. Der Boden darunter ist unversiegelt. Die Lodges kommen ohne fossile Energien aus. Eine eigene Solaranlage produziert siebenmal mehr Ökostrom als die Ferienanlage *Glück in Sicht* ❶ benötigt. Da ist das Tanken des E-Autos locker drin und daher auch im Preis inbegriffen. Standesgemäßer reist es sich nach Glücksburg allerdings mit dem Dampfer.

Schon Thomas Mann tat seinen ersten Schritt auf Glückburger Boden auf dem Anleger gleich beim Kurhotel. Die schneeweiße Schönheit bildet seit 1914 den Mittelpunkt des Stadtteils Sandwig, heute unter dem Namen Strandhotel. Zuvor hatte an gleicher Stelle das Curhaus illustres Publikum, wie Kaiser Wilhelm II. und Auguste Viktoria, in die Sommerfrische gelockt. Sie reisten mit der eigenen Yacht an. Ship-Sharing war damals noch kein Thema. Das änderte sich grundlegend, als die Hanseatische Yachtschule in den 1950er Jahren ihren Sitz nach Glücksburg verlegte. Wie alle Sportvereine und -Verbände in Schleswig-Holstein ist auch die größte Segelschule Europas dem Prinzip der Nachhaltigkeit verpflichtet. Im Segelsport gehören zudem die zehn goldenen Regeln für umweltbewusstes Verhalten in der Natur zum Prüfungsstoff aller Trainierenden. Das ist an der Förde ganz besonders wichtig. Der westlichste Meeresarm der Ostsee weist eine außerordentliche Artenvielfalt auf und die erstaunlichsten Biotope – ausgedehnte Seegraswiesen etwa und hochproduktive Unterwasserwälder.

Über der Wasserlinie kommen rein rechnerisch auf jeden Glücksburger eintausend Quadratmeter Wald. Der Schönste unter den Schönen ist Forst Wille. Schon seit Jahrhunderten wird der heutige

❶ Glück in Sicht
Schwennaustraße 37
24960 Glücksburg
T 0800 7237029270
glueck-in-sicht.de

Schloss Glücksburg
24960 Glücksburg
schloss-gluecksburg.de

Der Yachthafen im Quellental gilt als einer der schönsten Naturhäfen Deutschlands; die namensgebende Adelheidquelle als Keimzelle des Glücksburger Tourismus.

Ruhe-Wald naturnah bewirtschaftet. 24 Baumarten wachsen hier bis dicht an den Strand. Unter den bizarren, vom Wind geformten Baumpersönlichkeiten liegen Miesmuscheln wie kleine Kostbarkeiten ins Moos gebettet. Ob Wellen sie dorthin getragen oder Möwen sie dort fallengelassen haben, wer weiß? Doch dass es keinen größeren Luxus gibt, als an einem sonnigen Morgen im August durch den Wald zum Meer zu promenieren, das ist keine Frage.

INFO
Touristinformation Glücksburg
Schinderdam 5
24960 Glücksburg
T 04631 40770
gluecksburg-urlaub.de

Anreise
Mit der Bahn bis Flensburg. Dort startet die *MS Viking* vier Mal täglich nach Glücksburg Sandwig: tickets-viking.de. Die Buslinie 21 ist doppelt so schnell wie der Dampfer.

Unterkommen
Die Ostseelodges sind keine Schnäppchen, also für die meisten Menschen etwas für besondere Anlässe. Die Preise richten sich nach Größe und Lage. Etwas günstiger wird es in den Appartements im Reethus, das sich ebenfalls auf dem Gelände befindet.

Einkehren
Was braucht man mehr als ein Lykke Bier ❷, nach guter alter Tradition gebraut, und eine Demeter-zertifizierte Stulle? Rein gar nichts.

Erkunden & Erleben
Wo andere Städte eine Fußgängerzone oder Shopping-Mall hinklotzen, steht in Glücksburg ein wahrlich märchenhaftes Wasserschloss. Der Besuch des umgebenden Schlossparks ist kostenfrei, die Schlossbesichtigung den Eintritt wert.

„Die einzige Möglichkeit, das Klima der Erde positiv zu beeinflussen, ist die Pflege und Vermehrung ertragreich wüchsiger Wälder." So steht es über der Tür eines kleinen, feinen ehrenamtlich geführten Museums. Geöffnet ist nur am Wochenende, der Eintritt frei ❸.

Zu Annis kultigem Pølser-Kiosk in Dänemark fährt man mit dem Auto 33,3 Kilometer. Übers Wasser, an den Ochseninseln vorbei, sind es nicht einmal drei. Dafür schließt man sich am besten einer Tour mit Profis an – auf den nachhaltigen Stand-up-Paddling Boards von SUP VIBES ❹.

Die im Haupttext beschriebenen Orte liegen alle an der Wasserkante von Glücksburg. Vom Quellental bis zur Schwennaumündung ist der Uferweg barrierefrei.

❷ Marktwirtschaft
Brauhaus zu
Glücksburg
Postplatz 1
24960 Glücksburg
T 04631 4443960
marktwirtschaft-
lykke.de

❸ Waldmuseum Glücksburg
Holnisstraße 2
24960 Glücksburg
T 04631 21 34

❹ SUP VIBES
Sandwigstr. 1
24960 Glücksburg
Supvibes.de

7 | *Glücksburg artefact Klimapark*
Die Antwort auf fast alles

Energie mit allen Sinnen begreifen. An mehr als 30 Stationen geht es im Klimapark darum, was wir zuhause, in der Schule, am Arbeitsplatz tun können.

Wie geht Energiewende? Was kann ich selbst tun im Kampf gegen den Klimawandel? Welche Entwicklungen machen Mut? All das und noch viel mehr erfährt man an den 40 Erlebnisstationen des artefact Klimaparks in Glücksburg. Wer länger als einen inspirierenden Tag bleiben möchte, kann auch gleich einen rundum ökologischen Urlaub auf dem Gelände der Kinder-, Jugend- und Erwachsenenbildungsstätte verbringen – und das zu mehr als fairen Preisen. Der Klimapark liegt am Rande des Stadtteils Bremsberg, grenzt an Felder und ein Landschaftsschutzgebiet. In den Zimmern des Gästehauses in baubiologischer Lehmbauweise schläft es sich wie in Bilbo Beutlins Hobbitbau. Zum Strand radelt man vom Gästehaus nicht einmal eine Viertelstunde. Das Schloss ist in weniger als zehn Minuten erreicht. Für längere Touren stehen E-Autos und E-Zweitsitzer bereit. Leihen darf sie jedermann. Hausgäste des Klimaparks zahlen aber weniger für die Tagesmiete.

Klimapark artefact
Bremsbergallee 25
24960 Glücksburg
T 04631-6116-0
artefact.de

Die Sonne spielt eine große Rolle. Etwa bei den jährlichen Solarmeisterschaften für Kinder oder der Ausbildung von »solarvolunteers« für Einsätze in Afrika.

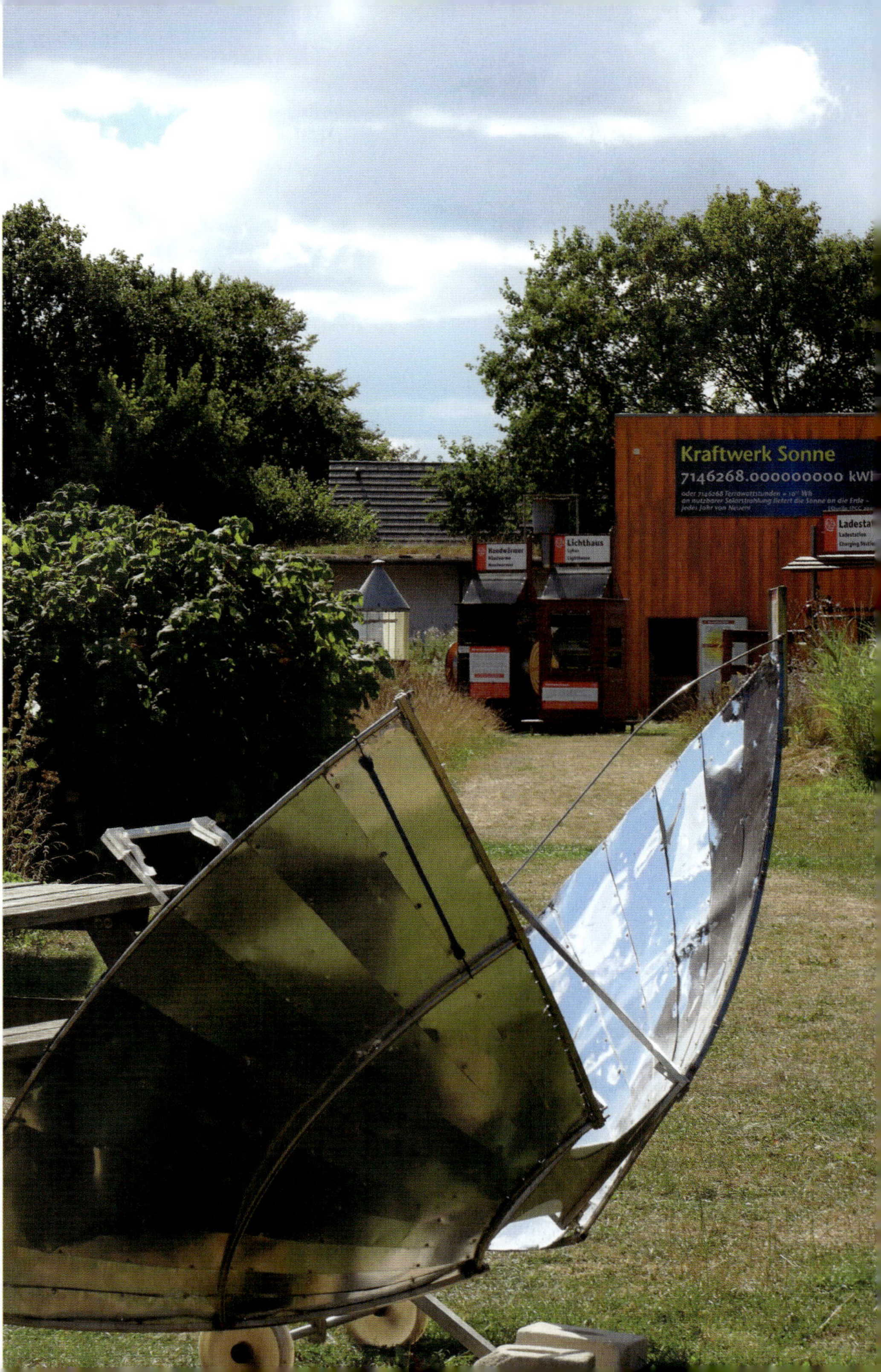
Kraftwerk Sonne
7146268.000000000 kW
Lichthaus
Ladestation

8 | *Holnis*
Eiszeit-Schönheit

Ein Seglerhafen. Ein Leuchtturm. Badestrände. Wanderwege dicht am Wellenrand. Campingplätze und Natur. Auf Holnis findet sich fast alles, was die Ostseeküste zum Urlaubsparadies macht. Daneben kann die Halbinsel auch noch mit einigen Einzigartigkeiten punkten. Dem beeindruckenden, als Naturdenkmal eingestuften Kliff zum Beispiel. Strandseen und Salzwiesen, in denen sich Vogelschwärme tummeln. Den nordöstlichsten Punkt Deutschlands, ein ausgedehntes Naturschutzgebiet und jede Form von Landschaft und Vegetation, die Schleswig-Holstein zu bieten hat. Die Eiszeit selbst, wandernde Gletscher und andere glaziale Vorgänge haben die Landzunge zu einem langen, schmalen Diamanten geschliffen. Holnis ragt weit ins Wasser und bildet damit die Grenze zwischen Innen- und Außenförde. Die Halbinsel streckt sich dabei so weit nach Skandinavien, dass die Nordspitze dem dänischen Festland näherliegt als dem deutschen.

Es gibt also etliche Gründe, Holnis zu bewundern. Und eben das führt auch zu einer Vielzahl von Problemen. Im Sommer muss die 400 Hektar kleine Kostbarkeit täglich 5.000 Besucher verkraften.

Der Strand von Holnis Drei ist im Sommer mehr als gut besucht. An eisbonbonblauen Wintertagen findet man noch Ruhe auf der Halbinsel und Platz für ausgedehnte Wanderungen.

Die Steilküste ist ein Relikt der Eiszeit und Resultat tektonischer Verformungen. Der Strand steht unter Schutz. Das Kliff darf auf einem Pfad erklommen werden.

Selbst wenn sie sich alle manierlich benähmen, wäre das eine Herausforderung für Natur und Tiere. Weil zu Viele es aber nicht tun, weil zu Viele die Hinweisschilder des NABUs geflissentlich übersehen, weil zu Viele eben nicht auf den Wegen bleiben, nicht vom Rad absteigen, Hunde nicht an der Leine führen und Müll in der Natur entsorgen, ist der Zauber dieses zerbrechlich schmalen Landstreifens mehr als bedroht.

Längst ist Overtourism nicht mehr nur ein Phänomen an den Hot-Spots von Barcelona bis Venedig. Auch norddeutsche Naturschutzgebiete wie die Geltinger Birk oder Kleinstädte wie Kappeln ächzen unter dem Touristensturm. Daher jubeln Einheimische nicht immer und nicht allerorts über stets steigende Übernachtungszahlen. So heftig wie etwa in der Lübecker Bucht, wo die Gästeströme mit Strandampeln gelenkt werden müssen, ist es an der Flensburger Förde noch nicht. Doch an der Schlei wird bereits daran gebastelt. Und für ganz Angeln und Schwansen gilt: Ruhe findet man am ehesten weit vor und nach der Hochsaison.

Klar, dann kann man nicht baden. Und auch die Einkehr nach dem Strandspaziergang mag knifflig werden. Ganze Buchten und Orte fallen hier nämlich noch in den wohlverdienten Winterschlaf. Der Preis für die Unterkunft ist dafür deutlich moderater. Die Gastgeber geben sich deutlich entspannter. Und nie leuchtet die Förde so blau, schimmern die Strände so weiß, scheint der Himmel so hoch, die Luft so klar und Dänemark so nah wie an einem strahlenden Wintertag auf Holnis.

Holnis aus der Vogelperspektive. Links ist gut das Noor zu erkennen. Auf der Halbinselspitze ist man dem dänischen Festland näher als dem deutschen.

INFO

Das Naturschutzgebiet Holnis zieht sich von der Westseite bis zur Nordspitze der Halbinsel. Ihre schönsten Ecken sind Fußgängern vorbehalten. Drei Wanderwege von drei bis fünf Kilometern Länge erschließen die Highlights: Kliff, Noor und Nordspitze. Wer die gesamte Halbinsel umrunden möchte (eine hervorragende Idee!), hat am Ende gut zehn Kilometer auf dem Schrittzähler.

An-/Abreise

Buslinie 21 vom Flensburger ZOB über Glücksburg nach Holnis.

9 | *Bockholmwik*
Die Flensburger Außenförde

Dass es so etwas noch gibt! Kaum einen Satz hört man häufiger an den Stränden und Steilküsten, in den weiten Wiesen, Wäldern und Winzigdörfern zwischen dem Glücksburger Golfclub und der Geltinger Bucht. An der Flensburger Außenförde hat sich vieles bewahrt, das in anderen Ferienregionen längst verloren ist. Es geht gleich hinter Holnis richtig gut los mit dem Naturschutzgebiet „Bockholmwik und angrenzende Steilküsten", einem wunderbaren Fleckchen Erde. Geradezu beispielhaft umfasst es ehemals typische Naturräume, die heute an der weitgehend eingedeichten Ostseeküste von Schleswig-Holstein nur noch sehr selten vorkommen.

Der Strand von Bockholmwik ist ein typischer Naturstrand. Nicht ideal für Badegäste. Denn es gibt nur wenig Sand, dafür aber viele Steine am Ufer. Eben darum ist man hier recht schnell den ohnehin nicht übermäßig zahlreichen Spaziergängern davongelaufen. Was

Gleich hinter Glücksburg weitet sich die Flensburger Außenförde. Auf der Wanderung zwischen Bockholmwik und Langballigau kommt fast schon Ostseefeeling auf.

Der Hafen von Langballigau bietet sich als Startpunkt für die Runde durch das Naturschutzgebiet Höftland Bockholmwik ebenso an wie als Halbzeitstopp.

man dabei mit Füßen tritt, sind die ältesten Gesteinsarten im ganzen Land. Das offene Grünland ist zum Schutz eingezäunt. Es darf sich nach einiger Zeit der intensiven, landwirtschaftlichen Nutzung seit 2012 unter extensiver Beweidung erholen. Ein Pfad führt durch vermoortes Gelände auf die toten Kliffs. Im Gegensatz zu aktiven Kliffs werden diese Steilhänge nicht mehr vom Meer erreicht. Sie sind durch Strandwälle und Vorland geschützt. Tot meint also lediglich, dass sie nicht mehr angegriffen werden. Ansonsten sind die alten Hang-Buchenwälder quicklebendig.
Wo die Hänge bis zum Ufer reichen, ist der Wald Hangrutschungen ausgesetzt. Quellen, hoher Wellenschlag und Unterspülungen tragen immer wieder dazu bei, dass Bäume in die Tiefe stürzen und Kliffkanten brechen. Darum kann sich die Wegführung im Naturschutzgebiet auch immer wieder ändern. Warnt ein Schild vorm Weitergehen, sollte man sich daran halten. Lebensgefahr meint hier wirklich Lebensgefahr. Das gilt besonders, wo sich die Pfade dicht am Abbruchrand entlangziehen.

Auf den toten Kliffs am Rande des Höftlands hat sich ein wunderschöner Hangwald entwickelt. Unter den hohen Buchen fühlt man sich wie in einer Kathedrale.

INFO

Bockholmwik ist ein Ortsteil der Gemeinde Munkbrarup. Das Naturschutzgebiet schmiegt sich zwischen den ruhigen Yachthafen von Bockholmwik und den trubeligen ehemaligen Fischereischutzhafen Langballigau.

1 **Biohof Svensteen**
Svensteen 8
24960 Munkbrarup
biohof-svensteen.de

An-/Abreise

Bahn bis Flensburg. Weiter mit Buslinie 21, Haltestelle Bockholm Altes Zollhaus. Dann einfach den Wahrberg hinunter an den Strand laufen. Radfahrer aus dem Süden können schon in Husby aus dem Zug steigen. Von dort sind es nur noch knapp zehn Kilometer.

Einkaufen & Unterkommen

Svensteens Kartoffeln **1** und Karotten findet man in jedem gut sortierten Supermarkt der Region und in so mancher Gastroperle. Im Hofladen des Biohofs gibt's neben Obst und Gemüse der Saison auch Fleischwaren, Milchprodukte und Backwerk. Außerdem barrierefreie Ferienhäuser. Kurzzeit-Camping, fast ganz privat, auf dem Gelände einer wunderbaren Angeliter Bauernkate unter Reet mit eigener, grüner Stromversorgung. Die Eier von hübschen Hühnern im kleinen Hofladen darf jedermann erwerben. Der Grill- und Sonnenuntergangsplatz auf der Koppel steht den fünf glücklichen Gästen des Bolbro-Hauses exklusiv zur Verfügung.

Fabelhaft unwegsam führt die Rundwanderung über Strand und Stock und Steine und Steilküstenpfade durch das Naturschutzgebiet bis zum Hafen von Langballigau.

10 | *Langballigau*
Tour de Fjord

Im Hafen von Langballigau pendeln zwei Personenfähren nach Dänemark. Es sind die einzigen Schiffsverbindungen an der Flensburger Förde zu unseren nordischen Nachbarn.

Für Radfahrer mit Skandinavien-Faible existiert an der Flensburger Förde kein wichtigerer Hafen als der von Langballigau. Zum einen schraubt sich die prächtigste Panoramakurve der gesamten Ostseeküste Schleswig-Holsteins von Westerholz an den Strand. Die muss man einfach mal runtergesaust sein. Zum anderen pendeln vom Anleger zwei Fähren rüber nach Dänemark. Sie machen Langballigau zum Herzstück der Flensburg Fjord Route. Nicht, dass die Flensburger Förde wirklich ein Fjord wäre (genauso wenig wie die Schlei). Doch die dänische Sprache kennt kein eigenes Wort für Förde. So etwas lernt man auf dem grenzüberschreitenden Radweg, der überhaupt viel von Gemeinsamkeiten und Unterschieden erzählt. Deutsche haben beispielsweise eine besondere

Die Langballigau windet sich durch Hangwälder, Wiesen, Sumpfgebiete und weite Röhrichtflächen, bis sie beim gleichnamigen Hafen in die Förde mündet.

Vorliebe für Gartenschauen. Dänen lieben vor allem Aktivurlaub. Die Flensburg Fjord Route will beides miteinander verbinden. Die 307 Kilometer lange Runde ist Teil des EU geförderten Projekts »Blumen bauen Brücken - Blomster bygger broer». Wo man auf die Runde einsteigt, ist egal, wie viele der sechs Etappen man sich vornimmt, auch. Hauptsache man lässt sich Zeit für die abwechslungsreiche Natur, die Parks und Schlossgärten rund um die Förde und in den Städten Flensburg, Glücksburg, Gråsten (Gravenstein), Aabenraa (Apenrade), Sønderborg (Sonderburg), Nordborg (Nordburg) ausgiebig zu genießen. Und natürlich den Hafen von Langballigau.

Für Wandersleute ist Langballiau auch nicht gerade eine schlechte Adresse. Am Wasser lockt der Rundweg durch das Naturschutzgebiet Bockholmwik und die angrenzende Steilküste (siehe vorheriges Kapitel). Landeinwärts ist die Tour durch das verwunschene Tal der Langballigau nach Unewatt (siehe nächstes Kapitel) nicht minder zu empfehlen. Der Autal-Wanderweg schlängelt sich am nördlichen Ende der Haffstraße durch ausgedehnte Schilfbereiche und stille Hanglaubwälder bis zu einer kleinen Brücke. Hier führen zwei Pfade durch das Bachtal, das als eines der schönsten an der Ostsee gilt. Es steht seit 1990 unter Schutz. Da es seither nicht mehr entwässert wird, ist es wieder so schön morastig, dass seltene Sumpfpflanzen und Ringelnattern

Fischerboote im Hafen von Langballigau. Mit 220 Liegeplätzen, Restaurants und Badestrand ist er unter Seglern sehr beliebt und gilt als schönstes Tor zur Dänischen Inselwelt.

sich rundum wohlfühlen. Wer beide Wanderungen an einem Tag absolvieren möchte, hat 16,5 Kilometer und für Schleswig-Holstein ungewöhnlich viele Höhenmeter vor sich. Und mit Langballigau einen prima Knotenpunkt für die ausgedehnte Rast zwischen den Touren. Denn schließlich und endlich ist der Hafen auch genau der richtige Ort für alle, die einfach nur gern am Naturstrand sitzen, baden oder spielen.

INFO

Der beliebte Seglerhafen und Strand von Langballigau, im Volksmund L.A., gilt als bester Sonnenuntergangsspot an der Flensburger Förde. Mit mehreren Restaurants, Imbissen und Eisbuden ist die Strandpromenade einer der wenigen Orte in der Gegend, wo garantiert immer irgendetwas geöffnet hat.

Anreise

Vom Flensburger Bahnhof braucht die Buslinie 810 eine halbe Stunde nach Langballigau. Teilnehmer der Tour de Flensborg Fjord erreichen den Hafen nach gut 20 Kilometern.

Unterkommen

Natur-Lodge nennen Antonia und Andreas den Glamping-Pod mit eigener Terrasse und spektakulärer Weitsicht in Westerholz. Die Unterkunft ist mit 15 Quadratmeter gerade richtig für Zwei. Zu buchen über:
https://www.airbnb.de/rooms/24878055?source_impression_id=p3_1664353747_afQN7Atpdicu4eBo

Einkehren & Einkaufen

Frischer, regionaler, saisonaler geht's nicht als direkt vom Fischer. Harald Lehuniak bietet auf dem Kutter *Odin* seinen Fang an. Ist der Kutter grad auf See oder verwaist, kann man beim Odinfischer Bistro ❶ nachfragen – und natürlich auch direkt einkehren.

Zwei Dinge muss man in Langballigau gesehen haben: Erstens den Traumblick vom Treppenpfad, der sich „Am Hafen" die Steilküste hochschwingt. Zweitens den schönsten Sonnenuntergang der Flensburger Förde von der Dachterrasse des Fährhauses ❷.

❶ Bistro Odinfischer
Strandweg 6
24977 Langballigau
T 04636 9796542
www.facebook.com/profile.php?id=100054460691072

❷ Fährhaus LA
Strandweg 4
24977 Langballigau
T 04636 9798508
faehrhaus-la.de

Erkunden & Erleben

Die Flensburg Fjord Route ist nicht extra beschildert, sie nutzt die Østersørouten (Ostseeroute), den Hærvejen (Heerweg) auf dänischer Seite; auf deutscher den Ostseeküsten-Radweg. Ein ausführlicher Radwanderführer mit umfangreichem Kartenmaterial ist in vier Sprachen, auf deutsch, dänisch, englisch und niederländisch bei den Tourismusorganisationen Flensburger Förde bzw. Destination Sønderjylland in Flensburg, Aabenraa und Sønderborg erhältlich. Oder als PDF-Datei unter bbbprojekt.eu

Die Fahrradfähre *Rødsand* schippert in den Sommermonaten von Langballigau nach Brunsnæs auf der Halbinsel Broager und weiter nach Rendbjerg und Egernsund. Vorbuchen ist keine schlechte Idee, denn an Bord ist nur Platz für zwölf Personen und ein Dutzend Räder. fahrradfaehre.info

Auf der *MS Feodora II* ist die Fahrradmitnahme nur nach telefonischer Anmeldung möglich. Damit genießen Radler eine Pole Position: Normale Tickets kann man nämlich nicht reservieren. Zum Zielhafen Sønderborg dauert die Fahrt knapp eine Stunde. nas-feodora.de

Frischer Fisch direkt vom Kutter der Küstenfischer. Je nach Wind und Wetter werden Steinbutt, Flundern, Schollen, Klieschen und Dorsch angelandet.

11 | *Unewatt*
Die Heimat

Als Heinrich D. Hinrichsen 57 Jahre alt wurde, hängte er Tapezierquast und Malerrolle an den Nagel und zog auf den Hof von Tochter Dora und Schwiegersohn Asmus in Scheggerot. Hier entdeckte er das Fotografieren. Das war schon etwas Besonderes im Jahr 1898 und kam Hinrichsens Vorliebe für Präzision und Realismus sehr entgegen. Interessanterweise brachte ihn der eher technische Ansatz schnell zurück zur Malerei. 1899 entstand sein vermutlich erstes Höfebild. Es sollten noch tausend weitere folgen. »Die Heimat« zirkelte er mit Schablone auf die Gemälde. Damit hatte Hinrichsen einen Nerv getroffen.

Um die Jahrhundertwende entwickelten Bauern zunehmend den Wunsch nach gesellschaftlicher Anerkennung. Und wer wäre denn auch nicht stolz, einen dieser prachtvollen Dreiseithöfe zu besitzen, wie sie für Angeln typisch sind. In der Christesen-Scheune des Landschaftsmuseums Unewatt kann man sich an Hinrichsens

Fünf Ausstellungen erzählen im Landschaftsmuseum Unewatt von Angeliter Alltagskultur. Die sogenannten Museumsinseln finden sich quer durch das Dorf gestreut.

Der Dorfgasthof liegt äußerst günstig in der Dorfmitte. So kommt man beim Museumsbummel gleich zwei mal vorbei und kann zum Lunch und Kaffee einkehren.

Gemälden genauso wenig satt sehen wie an den Architekturperlen bei einem Bummel durch das Dorf selbst. Unewatt ist einerseits ein zwar außergewöhnlich idyllisches, aber doch ganz normales Dorf. Und andererseits ein Museum. In fünf Gebäuden, dem repräsentativen Marxenhof, der Räucherei mit Trafohäuschen, der Buttermühle, der Windmühle Fortuna und der grandiosen Christesen-Scheune, wird Angeliter Kultur und Lebensweise derart erfrischend erzählt, dass man sich in Land und Leute einfach verlieben muss. Umso mehr wenn man mit jemandem ins Schnacken kommt, der oder die hier schon seit Ewigkeiten lebt oder sich im Ehrenamt für das Museum engagiert.

In Unewatt wird deutlich, was Angeln so besonders macht. Es zeigt sich in beinahe jedem Haus, jedem Garten, jedem Apfelbaum, dem Gasthof, dem Postkartenstand, dem Verkaufstisch mit Marmeladen, Honig und Kräutern und natürlich den Museumsinseln selbst. 1,7 Kilometer lang ist der Rundgang von einer spannenden Ausstellung zur nächsten. Wer hier tief in die Geschichte eintaucht, nimmt fortan die Region wie ein Bilderbuch wahr.

❶ **Landschaftsmuseum**
Angeln/Unewatt
Unewatter Straße 1a
24977 Langballig
T 04636 1021
unewatt.kultur-schleswig-flensburg.de

❷ **Restaurant Unewatt by Hendrik**
Unewatter Str. 8
24977 Langballig
T 04636 9776668
restaurant-unewatt.de

Eines, von dem man gar nicht genug bekommen kann, weil es so wunderschön ist und voller Orginale. Unter ihnen Heinrich D. Hinrichsen. Als er 70 Jahre alt wurde, brachte er sich das Radfahren bei. Und dann sauste er durch die geschwungenen Knicklandschaften, um noch mehr Angeliter Höfe zu sehen. Und zu malen.

INFO

Unewatt liegt direkt an der B199, der Nordstraße, wie man hier oben sagt, zwischen den Gemeinden Langballig und Dollerup. Autofahren ist in dem kleinen Dorf den Anwohnern vorbehalten. Alle anderen stellen den Wagen oben am Museum ab.

An-/Abreise

Bahn bis Husby. Weiter mit Buslinie 820, Haltestelle Langballig BV. Von dort noch einmal einen knappen Kilometer zu Fuß.

Erkunden

Von April bis Oktober kann man sich vom Landschaftsmuseum ❶ und Unewatt bezaubern lassen. Im Winter sind die fünf Museumsinsel geschlossen.

Einkehren

Regional. Lecker. Hausgemacht. So lautet das Motto im historischen Dorfgasthof Unewatt by Hendrik ❷. Die Karte reicht von handgemachter Pasta mit Wildbolognese bis zu fangfrischem Fisch aus Langballigau. Kaffee und Kuchen? Das ist in Angeln ohnehin Ehrensache und kann als Hauptmahlzeit durchgehen.

Von der Galerie der auf einem Hügel gelegenen Mühle Fortuna ist der Ausblick wirklich herrlich. Kein Wunder, dass sich hier jede Menge Paare das Ja-Wort geben.

Vom Rosengarten am Marxenhof bewegt man sich auf dem 1,7 Kilometer langen Museumsrundgang zwischen Drinnen und Draußen, Kultur und Natur.

12 | *Dollerup*
Feinste Waren aus Dollerup

Vor einhundert Jahren flatterten in ganz Deutschland diverse Schreiben – heute würde man von Massenmailings sprechen – in die Briefkästen von Privatpersonen, Gastronomiebetrieben und Kolonialwarenhandlungen. *»… bei Durchsicht meiner Kunden-Kartothek« stellte ich fest, dass Sie leider seit längerem keine Tafelbutter von mir bezogen haben. Auf der für Sie bestimmten Karteikarte ist kein Vermerk, aus dem ersichtlich ist, aus welchem Grunde Sie den weiteren Bezug s.Zt. bei mir einstellten… Was die Qualität meiner Butter betrifft, so weiß ich bestimmt, dass dieselbe hochfein und haltbar ist und dass etwas Besseres an Tafelbutter in Schleswig-Holstein nicht hergestellt wird.«* Der selbstbewusste Ton löste Rechtfertigungsdruck bei den Adressaten aus und war keinesfalls ein Alleinstellungsmerkmal des Dolleruper Butterversandhändlers Peter Brogmus. Die gesamte Region bezog ihr Selbstverständnis aus der Produktion von Lebensmitteln in allerhöchster Qualität. Warum es die nicht zum Spottpreis geben könne und

Im Ortsteil Dollerupholz führt ein traumhaft schöner Wanderweg hoch über der Flensburger Förde durch Wiesen und Felder, Knicks und Wälder nach Westerholz.

In Deutschlands nördlichster Verschlussbrennerei kann man bei der Herstellung von Bio-Obstbränden, Bio-Whiskys und Bio-Likören zuschauen.

weshalb es angeraten sei, bei einer »reellen Firma« zu bestellen, statt sich von vermeintlich günstigeren Preisen der Konkurrenz täuschen zu lassen, führte Brogmus gleich mit aus und fügte eine Karte für die nächste Bestellung bei. Was lange fabelhaft funktionierte.

Erst die Nazis und der Krieg zerdepperten das Geschäft. Und es hat eine Weile gedauert, bis Angeln großflächig zurück zur Freude am wirklich Guten fand, das immer auch mit ökologisch sinnvollem Handeln zu tun hat. In der Dolleruper Destille ❶ kann man sich davon überzeugen. In der nördlichsten Brennerei Deutschlands werden erlesene Destillate aus verschiedenen Obstsorten hergestellt, viele darunter sind bio-zertifiziert. Ganz in der Tradition von Peter Brogmus sind die Waren auch im Versandhandel erhältlich. Grundsätzlich bringt es aber mehr Spaß, selbst vorstellig zu werden. Dann kann man auch gleich noch im schönen Hofladen Mangelsen stöbern, bunte Landeier vom Dolleruper Hof sammeln oder an einem der etlichen privaten Verkaufsstände Obst und Gemüse, Marmeladen und Honig, Kräuter und Blumen shoppen.

❶ Dolleruper Destille
Neukirchener Weg 8a
24989 Dollerup
T 04636 976030
dolleruper-destille.de

1,00
2,50
2,50
3,00
1,00

Mit der Dichte an Vertrauenskassen in den Dörfern der Flensburger Außenförde kann höchstens noch Dänemark mithalten. Daher gehört hier das Einkaufsnetz bei Spaziergängen und Radtouren auch stets in die Jackentasche.

INFO
Dollerup besteht aus 14 Ortsteilen, ist also prädestiniert für eine Radwanderung über Land. Im Sommer wird an der idyllischen Badestelle von Dollerupholz eine Badebrücke aufgebaut. Dort startet auch ein traumhafter Spazierweg nach Westerholz. Auf halber Strecke wächst in Osterholz der Proviant an den Bäumen eines öffentlichen Obstbaumpfades.

An-/Abreise
Bahn bis Flensburg. Weiter mit Buslinie 810, Haltestelle Streichmühle/Nordstraße. Alternativ mit Rad und Bahn. Von den Bahnhöfen Husby und Sörup sind es jeweils gut acht Kilometer.

Einkehren & Einkaufen
In der Dolleruper Destille ❶ werden die erstaunlichsten Getränke gebrannt: beim Dolleruper Unfall etwa handelt es sich um einen fassgelagerten Apfelbrand mit Ingwergeist. In unregelmäßigen Abständen werden Tastings und Schaubrennen veranstaltet.

Der Hofladen Mangelsen ❷ mit angeschlossenem Café lockt schon seit 1988 mit nachhaltigen Waren, backt weizenfrei und bietet beinahe ein Vollsortiment.

„Deine Landeier ut de Höhnermobil“ sind bunt wie das Leben und werden in vielen Märkten und etlichen Straßenständen in der Region angeboten. Einer steht direkt in der Hofeinfahrt vom Hof Dollerupholz ❸.

❷ Hofladen Mangelsen
Haffstr. 62
24989 Streichmühle
T 04636 8621
hofladen-mangelsen.de

❸ Hof Dollerupholz
Kreuzweg 2
24977 Westerholz - Dollerupholz
T 04636 355

In Angeln ist die Vertrauenskassendichte fast so hoch wie drüben in Dänemark. Anders als dort braucht man in Deuschland aber zumeist noch Bargeld.

13 | *Steinbergkirche* Auf dem Scheersberg

Im Ortsteil Quern steht der nördlichste Bismarckturm Deutschlands. Beim Aufstieg zur Aussichtsplattform informiert eine Dauerausstellung über alte und neue Grenzen Angelns.

Mit 70 Metern ist der Scheersberg eine der höchsten Erhebungen Angelns. Beim Bau des Bismarckturms ❶ auf seinem »Gipfel« wollte man ihn noch als Zeichen der Dankbarkeit »für die Befreiung vom dänischen Königreich« verstanden wissen. Heute will die Internationale Bildungsstätte Scheersberg das Verständnis und Vertrauen der Menschen in der deutsch-dänischen Region fördern und zur Stärkung der gemeinsamen kulturellen, politischen und wirtschaftlichen Leistungskraft beitragen. Das entspricht dem

Geist der Agenda 2030. Mit ihr hat sich die Weltgemeinschaft 17 Ziele zur nachhaltigen Entwicklung gesetzt. Sie wären im Alleingang unerreichbar. Auf der Aussichtsplattform des Bismarckturms, wo der Blick weit über die hügelige Landschaft Norddeutschlands und Süddänemarks geht, versteht das jedes Kind. Zweifelnde Erwachsene können es von März bis Oktober in der kostenfreien Daueraustellung nachlesen.

1 Bismarckturm Scheersberg
Scheersberg 2
24972 Steinbergkirche
T 04632 8480 0
scheersberg.de

14 | *Neukirchen*
Urlaub fast (wie) in Dänemark

Neukirchen ist ein typisches Straßendorf. Entstanden auf dem Reißbrett, gibt es weder ein wirkliches Zentrum, Laden oder Gasthof und das kulturelle Highlight, die namensgebende »Neue Kirche«, ist meist verschlossen. Hoch auf dem Steilufer der Flensburger Förde gelegen, umgeben von alten Bäumen, übt sie dennoch eine Faszination auf alle aus, die ihren Urlaub gern in Dänemark verbringen. Denn auf dem Kirchhof des schlichten, weißen Gotteshauses fühlt es sich an, als wäre man ebendort. Man ist es ja auch fast.

Vor 400 Jahren, als Herzog Johann der Jüngere Neukirchen zu einer großen Handelsstadt entwickeln wollte, war die einzige Verbindung zum Rest der Welt eine Fähre ins dänische Broager. Der Seegang auf der Förde war aber so tückisch, die Anzahl der Schiffsunglücke so zahlreich, dass die Neukirchner sich nach dem Winter sehnten. Dann konnten sie die etwa drei Kilometer zu Fuß oder mit dem Pferdeschlitten über das Eis gleiten. Eine Erinnerung an diese Abgeschiedenheit ist geblieben.

Wer in Neukirchen Urlaub macht, muss es für tagesfüllend halten, über die Treppe an den Strand hinunter zu steigen, Wellen und Wolken zu betrachten, in Seegraskissen zu versinken oder über Steine zu balancieren. Wie weit man dabei kommt, entscheidet der Wind. Hier gleicht kein Tag dem anderen. Und jeder ist auf seine Weise wunderbar. Manchmal ist der schmale Naturstrand überflutet. Dann scheint der Fünenstein, den einst das Weib eines dänischen Riesen mittels einer Zwille herüberschleuderte, unerreichbar. An anderen Tagen tun sich Sandsicheln auf, die zum Baden einladen und man kann ewig weit am Alten Anleger durch knietiefes, warmes Wasser waten. Manchmal leuchtet die Förde skandinavisch blau. Manchmal in den karibischen Farben, die der Dänischen Südsee ihren Namen gab. Man ist ja auch fast da.

❶ **Familie Vierck**
Neukirchen 28
24972 Quern/
Neukirchen
T 04635 293110
ostseeferien-im-holzhaus.de

Der Look schlicht, die Lage spektakulär: Die „Neue Kirche“ von 1621 gab dem kleinsten Kirchspiel Angelns seinen Namen.

Am Strand scheint sich der Anleger aus Eichenpfählen fast bis Dänemark zu ziehen. Hier starteten früher die beliebten Butterfahrten.

Ab durch den Knick. Pfadfinder geraten in Neukirchen ganz aus dem Häuschen, denn jeder, wirklich jeder Weg führt zu einem weiteren versteckten Idyll.

Ganz typisch für die Flensburger Förde sind knorrige Bäume, die dicht am Wasser wachsen. Das ist praktisch zum Schaukeln und schützt vor Sonnenbrand.

INFO

Neukirchen gehört zur Gemeinde Steinbergkirche und liegt direkt an der Flensburger Förde.

An-/Abreise

Bahn bis Sörup. Die anschließende Busfahrt mit der Linie 830 nach Sterup und weiter mit der 834 nach Quern/Neukirchen dauert über eine Stunde. Dabei sind es nur 13 km. Das geht mit dem Rad schneller. Und einkaufen kann man unterwegs dann auch gleich noch.

Unterkommen

Fast (wie) in Dänemark urlaubt es sich in Neukirchen im kleinen Ferienhausgebiet der Familie Vierck ❶. Zehn hyggelige Objekte in nachhaltiger Holzbauweise warten auf Gäste, nur 50 Meter von der Steilküste entfernt.

Einkehren & Einkaufen

Wenn die weißen Edelziegen der Jahnkes ❷ nicht gerade die Sonne am Südensee genießen, kuscheln sie im alten Kuhstall mit reichlich Platz zum Spielen. Da können Tierfreunde also ganz ohne schlechtes Gewissen zu den Käsespezialitäten im Hofladen greifen – und ein Eis aus Ziegenmilch und -sahne probieren.

Seit Mitte der 1980er Jahre wirtschaftet die inklusive Hofgemeinschaft Löstrup ❸ nach Demeter-Richtlinien. Das Angebot im Hofladen reicht von Gemüse, Honig, Fleisch, Wurst bis zu mehr als 20 Brotsorten in der Hofbäckerei.

Im Sommer werden Erdbeeren und Himbeeren selbst geerntet, im Winter dampfen Kakao und Punsch im Winterwald. Und wenn es regnet, geht's zum Frühstück oder zur Kuchenschlacht ins Café Jensen ❹.

Der Dingholzer Hof versorgt 10.000 Haushalte mit frischen Eiern, Kartoffeln und Gemüse in Supermärkten, Gastronomiebetrieben, Bäckereien und dem eigenen Hofladen ❺.

❷ Jahnkes Ziegenkäse
See-Ender-Str. 6
24966 Sörup
T 04635 1575
jahnkes-ziegenkaese.de

❸ Hofladen Löstrup
Löstrup 4
24966 Sörup
T 04635 292353
hofgemeinschaft-loestrup.de

❹ Obstcafé Jensen
Löstrup 5
24966 Sörup
T 04635 9969786
obstcafe-jensen.de

❺ Dingholzer Hofkiosk
Quern-Dingholz 1
24972 Steinbergkirche
T 04632 7679
hofkiosk.de

15 | *Habernis*
Die große Flut

Bohlenwege gehören für viele zu einem Spaziergang am Meer dazu. In der Habernis führen sie ins Grüne, durch Wiesen, Moor und Bruchwälder bis zu einer artesischen Quelle in Feldrandlage.

Was auf den ersten Blick wie die zweitbeste Kurve Schleswig-Holsteins scheinen mag, ist in Wahrheit ein Damm. Er wurde 1880 errichtet, um die Habernisser Niederung vor Überflutungen zu schützen. Denn auch wenn die Ostsee oft unschuldig tut, richten Sturmfluten immer wieder große Verwüstungen an. Die heftigste Sturmflut ereignete sich 1872. Tagelang blies der Wind von West und drängte Wassermassen in die östliche Ostsee. Mehr Meer strömte vom Kattegat nach. Als der Wetterhahn am 12. November auf Nordost drehte, schwappte das aufgestaute Meer mit Wucht zurück. Die Flutwellen begruben Strände, Weiden, Deiche, Häuser. Habernis wurde eine Zeitlang zur Insel.

Die Flutmarke des Jahres 1872 am westlichen Ende der Bucht steht auf 3,44 Meter über dem Mittleren Wasserstand. Denkt man darüber nach, dass viele Küstenbereiche Schleswig-Holsteins ohnehin schon unter Normal Null liegen, scheint der Traum vom Haus am Meer gleich weniger dringlich. Ganz anders als der Kampf gegen den Klimawandel. Denn fest steht, dass der Anstieg der Temperaturen auch den Meeresspiegel steigen lässt. Simulationen verschiedener NGOs (zum Beispiel auf climatecentral.org/sea-level-rise) zeigen, wie sich das Land verändern könnte, wenn nicht langsam etwas geschieht. Die Nordseeküste wäre klar stärker betroffen. Doch auch von Habernis könnte im Jahr 2100 nicht mehr viel übrig sein. Geht es so weiter wie bisher, wird nicht nur der Strand verschwinden, sondern auch die ausgedehnten Wiesen dahinter. Die Bruchwälder. Das Moor mit der Artesischen Quelle. Die Felder, auf denen unser Essen wächst. Und der Damm. Es spricht also mal wieder viel dafür, das Auto für den Ausflug nach Habernis stehen zu lassen und sich in die zweitbeste Kurve Schleswig-Holsteins mit dem Rad zu legen. Das ist nämlich ein großes Vergnügen und gut möglich, dass man es in 80 Jahren nicht mehr kann.

Habernis gehört zu den seltenen Sandstränden an der Flensburger Außenförde. Daher füllt sich der Parkplatz am Wochenende und zum Feierabend.

INFO

Der Strand von Habernis bildet den Schlusspunkt der Flensburger Förde. Jenseits des kleinen Kliffs, der Habernis Huk, schließt sich die Geltinger Bucht an. Geurlaubt wird hier vorwiegend bei privaten Gastgebern. Es gibt auch einen kleinen Campingplatz mit Kiosk, Reiterferien auf dem Lindenhof und für den Sundowner unter Palmen die schöne Strandlounge.

An-/Abreise

Habernis liegt etwa mittig zwischen Flensburg und Kappeln. Auf der jeweils rund 25 km langen Tour sehnen sich Radfahrer entlang der hügeligen Fördeufer stärker nach einem e-Bike, als diejenigen, die an der Schlei aufbrechen. Eine Service-Station befindet sich am Parkplatz an der Schleuse.

Erkunden & Erleben

Auf einer Wanderung durch das Habernisser Moor absolviert man mehr Laufstege als so manches Top-Model. Trotzdem können feste Schuhe nicht schaden. Nicht alle Sumpfbereiche sind mit Bohlenwegen versehen. Eine Übersichtskarte mit vier Rundwegen zwischen drei und fünf Kilometern Länge befindet sich gegenüber der Schleuse. Sie führen durch Schilfmeere, Hohlwege, Bruchwälder, Feuchtwiesen und andere Idyllen.

Typisch für den sommerlichen Himmel über Ostsee sind Schönwetterwolken. Sie bilden sich meist gegen Mittag und lösen sich zum Abend wieder auf.

16 | *Norgaardholz*
Weiter Horizont

Obwohl die Strände von Habernis und Norgaardholz nicht einmal zwei Kilometer trennen, ist die Welt jenseits der Habernis Huk eine ganz andere. Östlich des kleinen Kliffs öffnet sich die Geltinger Bucht. Das Steilufer flacht ab, das dänische Festland entfernt sich und macht dem weiten Horizont Platz, der für viele Ostseefans das Maß der Dinge ist. Nirgends fühlen sie sich so sehr angekommen, so sehr bei sich selbst, wie mit Blick aufs Meer. Als Fixstern kann der Leuchtturm Kalkgrund gelten. Weit draußen warnt er Seefahrer vor einer Untiefe und ist je nach Wetter mal klar zu erkennen, mal kaum mehr auszumachen, genau wie die dänischen Inseln.

Man muss nicht einmal besonders sportlich sein, um die Geltinger Bucht an einem Tag abzulaufen. Und es ist auch eine gute Idee. Entlang der etwa 17 Kilometer langen Küstenlinie von Norgaardholz

Die Seebrücke in Norgaardholz bildet den Auftakt der Geltinger Bucht. Nicht nur für Kinder ist der Strand südlich der Habernis Huk ein wunderbarer Spaß.

bis zum westlichen Ende bei Birk Nack verschandelt kein hoher Bau das Ufer der Geltinger Bucht. Man stößt auch auf keinen Laden. Keine quirlige Promenade. Nicht einmal einen Strandkorbverleih. An manchen Tagen haben sogar alle Einkehrmöglichkeiten geschlossen. Selbst während der Saison. Und das ist ja gerade das Wunderbare für alle, die sich nach Stille sehnen. Soll sie nicht absolut sein, kann man auch gleich in Norgaardholz bleiben und stundenlang aufs Meer gucken. Der Strand ist sicherlich der schönste in der Geltinger Bucht und gilt in der Gegend als sehr gut besucht. Aber das ist erstens relativ. Und zweites auch kein Wunder. Nur hier finden sich eine von der DLRG bewachte Seebadeanstalt mit Spiel- und Fußballplatz, eine Seebrücke und ein Kiosk, wie man ihn vielleicht noch aus Kindertagen kennt.

INFO

Der Strand von Nordgaardholz bildet den Auftakt der Geltinger Bucht. Genau wie jenseits der Huk urlaubt man hier vorwiegend bei privaten Gastgebern. Es gibt einen kleinen Campingplatz, zum Reiterhof Otzen sind es vier Kilometer über Land und für Meeresfrüchte mit Meerblick steht das griechische Restaurant Afroditi.

An-/Abreise

Die Lage ist recht kompliziert. Von Kappeln oder Flensburg gelangt man innerhalb einer Stunde mit der Buslinie 800 nach Steinbergkirche. Vom nächstgelegenen Bahnhof in Sörup rund 40 Minuten mit der Linie 830. Nach Umstieg in Steinbergkirche braucht die Linie 831 nur noch elf Minuten zum Strand. Allerdings fährt sie nicht alle naslang, sondern bloß vier Mal täglich.

Die romanische Feldsteinschönheit St. Martin in Steinbergkirche ist den Besuch wert. Größter Hingucker ist die kunstvolle Kanzel im Stil der Renaisscance.

Im September kehrt die Ruhe zurück nach Norgaardholz – und bleibt wie an allen Naturstränden der Geltinger Bucht bis zum Beginn der nächsten Sommerferien.

Erkunden & Erleben

Im knapp fünf Kilometer entfernten Steinbergkirche knubbeln sich verschiedene Einkaufsmöglichkeiten auf der grünen Wiese. Immer sonntags findet ein beliebter Floh- und Trödelmarkt statt. Nur ein paar Schritte sind es von dort zur romanischen Feldsteinkirche St. Martin aus dem 12. Jahrhundert. Die Linde auf dem Friedhof wurde vor über 400 Jahren gepflanzt und ist wahrscheinlich die älteste in Angeln.

Die allgegenwärtigen Knicks geben den weiten Feldern und Weiden Angelns ohnehin eine zauberhafte Anmutung. Aber es geht noch besser. Das kann man auf dem Landschaftspfad Stürsholz erleben. Er schlängelt sich durch eine renaturierte Au-Landschaft, wo sich Rinderherden noch in Wäldchen zurückziehen können. Parkmöglichkeit? Fehlanzeige. Also gleich mit dem Rad oder zu Fuß der Kösterstraße landeinwärts folgen. Kurz hinter der Brücke über die Habernis Au weist eine Infotafel den Weg.

17 | *Steinberghaff*
AusZeit

Die Sonne geht auf am Bootssteg von Steinberghaff. An jedem Morgen ist das Schauspiel ein mehr als guter Grund früh aufzustehen und die Stille zu genießen.

Der Strand von Steinberghaff wird beidseitig von kleinen Wäldchen beschützt. Im Januar ist der Boden mit Schneeglöckchen bedeckt, im März mit Buschwindröschen. Wenn der Frühling endgültig einzieht, leuchten die Buchen in den hellsten Grüntönen. Das geschieht hier spät – aber wenn endlich, dann ganz gewaltig. Unmöglich zu sagen, ob der Frühling, Sommer oder Herbst in Steinberghaff die schönste Jahreszeit ist. Vielleicht ist es auch der stille Winter. Das muss man für sich selbst überprüfen.

Etwa dort, wo Neuankömmlinge in Steinberghaff zum ersten Mal das Meer sehen, markiert ein Blühstreifen am Feldrand die Zufahrt zum Hof Norderlück. In dem traumhaften Dreiseithof ist es nicht schwer, sein Zeitgefühl zu verlieren. Oder es zurückzugewinnen.

Schaukelbänke auf der Mole am Strand. Es gibt wenig anderes zu tun, als die Wellen zu betrachten, dem Wind zuzuhören und die Gedanken ziehen zu lassen.

Es kommt darauf an, wie man es sieht. Jedenfalls ist man schon nach wenigen Minuten im Ostseehotel unter Reet ganz weit weg von allen Zwängen, die das Leben üblicherweise ausmachen. Zu tun gibt es nichts Spezielles. Im Grunde kann man nur am Strand umherstreifen, im Wald oder durch die Felder. Mal allein, mal in Begleitung, mal länger, mal kürzer. Man setzt sich vielleicht mal auf einen großen Wackerstein, wahlweise auch auf eine Bank in Bestlage. Trinkt Kaffee im Biergarten des Strandhotels oder nimmt sich eine Brause von der Camping-Gaststätte Fischerkrog mit ans Wasser. Manchmal wagt man sich vielleicht auch in die Fluten. Dann pendelt man wieder zurück zum Hof Norderlück, wo Strandkörbe und Holzliegen unter alten Obstbäumen warten. Womit die wesentlichen Highlights von Steinberghaff genannt wären. Ältere Einheimische können sich noch erinnern, dass der Strand einmal sehr breit und feinsandig war. Heute ist er schmal und steinig. Bei windbedingtem Niedrigwasser werden die vorgelagerten Sandbänke sichtbar. Dann muss man sich merken, an welchen Stellen man auch bei Wellengang ins Wasser gelangen könnte, ohne die Sorge auf etwas Spitzes zu treten. Liegt die Ostsee glatt wie ein Spiegel, gleicht sie einem Aquarium. Im glasklaren Wasser schwenken Krebse bedächtig ihre Scheren, steigen

Hof Norderlück wirkt wie ein Dorfplatz aus der guten alten Zeit, hat aber einigen Komfort mehr zu bieten und etliche windgeschützte Lieblingsplätze zum Lesen, Plauschen oder Sonnenbaden .

winzige Luftbläschen im Seegras auf, huschen Fischchen durch den Blasentang. Der wächst hier prächtig. Nach Stürmen verschwindet der Sand schon mal komplett unter gewaltigen Algenkissen. Und das ist ein gutes Zeichen. Seegraswiesen sind wichtige Co2-Speicher, sie können doppelt so viel Kohlenstoff binden wie Wälder. Blasentang trägt erheblich zur Sauerstoffproduktion bei und sein Wuchs ist so stark, dass er Brandung und Strömung abschwächt, also die Küsten schützt. Wie alles in der Ostsee sind auch diese Wunderpflanzen stark bedroht. An manchen Küstenabschnitten sogar schon verschwunden. Und mit ihnen die Wasserwesen, denen sie zuvor Schutz vor Fressfeinden boten.

Wo es so wenig zu tun gibt wie in Steinberghaff, wird jedes Detail bedeutsam. Jede Handlung wirkt sich aus. Und sei es auch nur ein freundliches Moin, das hier ganz selbstverständlich ist, wann immer man jemandem begegnet. Wer's nicht tut, ist wohl gerade erst angereist und muss sich noch akklimatisieren. Stammgäste erkennt man daran, dass sie sogar einen kleinen Gedankenaustausch wagen. Meistens über das Wetter. Schließlich ersetzen Sonne und Wolken, Wind und Wellen in Steinberghaff Entertainment und Events.

Der Strand von Steinberghaff. Wer genau hinsieht, kann rund um das heutige Strandhotel noch eine längst verschwundene Parkanlage erkennen.

Beim für Angeln typischen Dreiseithof aus dem 19. Jahrhundert liegen Stall und Scheune einander gegenüber, während das Wohnhaus die Rückseite bildet.

❶ **Hof Norderlück**
Steinberghaff 16
24972 Steinberg
T 04632 66699 60
hof-norderlueck.de

❷ **Campingplatz Steinberghaff**
Fischerstr. 21
24972 Steinberghaff
T 04632 247
campingplatz-steinberghaff.de

❸ **Schnogholmer Hofladen**
Schnogholm 7
24395 Niesgrau
T 0170 4006082
schnogholmer-hofladen.de

❹ **Café Kranz**
Koppelheck 19
24395 Niesgrau
T 04643 185356
cafekranz.de

INFO

Steinberghaff gehört zur Gemeinde Steinberg und kann kein Haff aufweisen. Die Endung leitet sich vom dänischen Wort hav für Meer oder See ab.

Anreise

Direkt an Fördesteig und Ostseeküstenradweg gelegen, ist Steinberghaff für Wanderer und Radler das perfekte Etappenziel. Nicht ideal hingegen ist die Busanbindung. Wer mit viel Gepäck reist, tut gut daran, sich ein Taxi vom Bahnhof in Sörup zu gönnen.

Unterkommen

Ein Tag, der mit einem fulminanten Frühstück (nicht nur für Übernachtungsgäste) auf der Terrasse im Ostseehotel ❶ unter Reet der Familie Fischer beginnt, ist ein guter Tag.

Die Schlafhütten auf dem Campingplatz Steinberghaff ❷ direkt am Strand kosten nicht die Welt und sind mit zwei Betten, zwei Stühlen, einem kleinen Tisch und Strom ausgestattet.

Ein einfacher Sandweg ersetzt in Steinberghaff die Promenade. Oft ist der sanfte Wellenschlag das lauteste Geräusch an dem kleinen Naturstrand.

Einkehren & Einkaufen

Obst und Gemüse steht im liebevoll umgebauten Kuhstall des Schnogholmer Hofladens nicht zum Verkauf. Ansonsten aber fast alles – von der Galloway Salami aus Großenwiehe bis zu Geschenkartikeln ausgesuchter Manufakturen ❸.

In fünf ganz unterschiedlichen Gasträumen, vom Separee für zwei bis zur großen Stube mit Kachelofen, duftet es nach Kaffee- und Teespezialitäten, selbstgebackenem Kuchen und fulminanten Torten im Café Kranz ❹.

Erleben

Frühlingskonzert, Maislabyrinth, Herbstmarkt, Weihnachtsbaumverkauf. Wenn in und um die Kulturscheune eine Sause ansteht, wird es ausnahmsweise trubelig auf Gut Oestergaard ❺.

❺ Gut Oestergaard
Oestergaard 2
24972 Steinberg
T 04632 876608
gut-oestergaard.de

18 | *Gelting Mole*
No-Budget-Mikroabenteuer

Ein Wanderweg am Wasserrand führt vom Sportboothafen Gelting Mole zum Jachthafen in Wackerballig. Einkehrmöglichkeiten warten am Start wie am Ziel.

Das Einzige, was man aus dem Auto von der Geltinger Bucht zu sehen bekommt, ist der Sporthafen von Gelting Mole. Deshalb ist dort auch immer etwas mehr los als wenige Schritte weiter. Linker Hand gelangt man schnell an einen Ort, wo Hase und Igel einander Gute Nacht sagen – und die Gäste der Stiftung Naturschutz Schleswig-Holstein.

Die Stiftung erwarb 1978 eine erste Fläche in Dithmarschen, groß wie zwei Fußballfelder, um vom Aussterben bedrohte Arten zu retten. Heute ist das Stiftungsland auf 38.000 Hektar angewachsen. Und es sollen noch viel mehr Wilde Weiden dazukommen, Urwälder, Moore, Auenlandschaften. Von Beginn an hat die

Morgens in der Geltinger Bucht: Zur Katzenwäsche laufen Wildcamper eine herrliche halbe Stunde dicht am Ufer entlang bis zum kleinen Naturstrand von Ohrfeldhaff.

Stiftung sich auch als Vermittlerin gesehen und jedermann eingeladen, die Natur zu erleben – auf Wanderwegen, Aussichtsplattformen, Exkursionen und seit 2014 auch während einer Nacht unter Sternen. An 30 versteckten Stellen darf im Stiftungsland wild gezeltet werden. Die kostenfreien Plätze richten sich ausschließlich an unmotorisierte Übernachtungsgäste. Erlaubt sind maximal zwei kleine Zelte mit jeweils bis zu drei Personen. Das Equipment muss in einen Rucksack beziehungsweise zwei Radtaschen passen. Eine Vorbuchung ist nicht möglich. Wer zuerst kommt, campt zuerst. Da aber niemand länger als eine Nacht bleiben darf, kommt es beinahe einer Reservierung gleich, wenn man im Frühtau zum Meere loszieht. Mag natürlich sein, dass dann noch die Zelte der Vorgänger aufgebaut sind. Aber dann wartet man eben eine Weile oder stellt schon einmal seine Siebensachen ab, bevor man die Gegend erkundet.

Bis zum nächsten verschwiegenen Naturstrand in Ohrfeldhaff sind es superschöne 1,5 Kilometer nach Norden. Dort befinden sich auch Sanitäranlagen. Gleich mehrere Einkehrmöglichkeiten warten in südlicher Richtung in Gelting Mole oder nach 2,5 Kilometern in Wackerballig. Der Lieblingsort aller Surf-, SUP- und Kite-Einsteiger ist übrigens auch ein gutes Ausweichquartier, falls man den Koppelhecker Übernachtungsplatz besetzt findet. Dort kommt man garantiert noch auf der Wiese des Campingplatzes unter.

Zwei Enten gleiten durchs Wasser. Lassen sie ihr charakteristisches „Räb Räb Räb“ hören, wird einem die Stille der morgendlichen Ostsee erst richtig bewusst.

INFO

Koppelheck gehört zu Niesgrau und schmiegt sich an die Geltinger Bucht.

An-/Abreise

Der Treckingplatz Koppelheck liegt direkt am Fördesteig und Ostseeküstenradweg. Mit öffentlichen Verkehrsmitteln kann es eine Weltreise werden. Die letzte Stunde fährt man dabei mit dem Bus vom Bahnhof in Flensburg; oder vom Bahnhof Süderbrarup mit Umstieg in Kappeln.

Unterkommen

Die Übersichtskarte auf stiftungsland.de zeigt, dass der nächste Trekkingsplatz in Schleswig-Holstein nie weit ist. Von Koppelheck gesehen sind es sogar nur sieben Kilometer immer an der Wasserkante entlanggelaufen. So kann das No-Budget-Mikroabenteuer gleich noch um eine Nacht verlängert werden. Am Tor zur Geltinger Birk.

Wer lieber länger bleiben möchte und/oder ein bequemes Bett für die Nacht bevorzugt, darf das weit und breit nirgends mit so gutem Gewissen tun wie im ersten klimapositiven Hotel im Land *Janbeck*s* FAIRhaus.

Janbeck*s FAIRhaus
Lehbek 10
24395 Gelting
T 04643 186501
janbecks.de

19 | *Geltinger Birk*
Schlechtes Wetter ist gutes Wetter

Wann immer über Auszeiten in Angeln gesprochen wird, kommt – eher früher als später – die Rede auf die Geltinger Birk. Ein wenig wild und vom Wind zerzaust zur Meerseite, landeinwärts märchenhaft verwunschen, gehört das größte Naturschutzgebiet im Kreis Schleswig-Flensburg zu den Top-Attraktionen der Region. Und das zu Recht.

Schon seit mehr als einhundert Jahren durften sich auf der Halbinsel kleinere Gebiete natürlich entwickeln. Mittlerweile stehen auf einer Fläche von beinahe 800 Hektar Schilfsümpfe, Salzwiesen, Dünen, Strand und Wasserflächen unter Schutz. Das macht die Birk überlebenswichtig für etliche bedrohte Pflanzen, Insekten, Tiere und rund 200 Vogelarten. Wer nordische Natur und Tierwelt liebt, liebt die Geltinger Birk. Das steht außer Frage. Allerdings ist der Besucherdruck erheblich. Das geht vielen Naturräumen so.

Spätestens seit Beginn der Pandemie warnen Umweltschützer allerorten vor Nutzungskonflikten. Konflikte zwischen Radfahrerinnen und Wanderern, Hundebesitzern und Birdwatchern,

Schafe machen im Schutzgebiet mit bei der Landschaftspflege. Kleidet sich die Geltinger Birk in Muschelfarben, scheinen Lambswool-Pullover gleich doppelt attraktiv.

Ursprüngliche Strandvegetation mit streng geschützten Arten wie Meerkohl, Meersenf und Salzmiere findet man nicht mehr oft an der Ostseeküste Schleswig-Holsteins. Im Hintergrund der Leuchtturm Falshöft.

Wildtieren und ambitionierten Fotografinnen usw usf. Daher an dieser Stelle ausnahmsweise einige Gründe, die gegen einen Ausflug auf die Birk sprechen,
Wer Ruhe sucht, wird sie in der Hochsaison, an Sonn- und Feiertagen und bei Sonnenschein kaum finden. Gerade die schönsten Pfade der Birk sind schmal. Dort geht der spezielle Zauber bei Volksfeststimmung leicht flöten. Schlechtes Wetter ist daher gutes Wetter auf der Birk. Je grauer die Wolken desto intensiver das Erleben der hochsensiblen Landschaft.
Wer die Birk vor allem wegen der Koniks ansteuert, könnte enttäuscht werden. Die Top-Stars lassen sich oft nur in sehr weiter Ferne und manchmal auch gar nicht blicken. Will man auf Nummer Sicher gehen, schließt man sich einer Führung zu den Wildpferden an. In Begleitung der Guides geht es dann auch mal abseits der ausgetretenen Wege und querfeldein zu Koniks, Galloways, Ziegen, Schafen, Fröschen, Kröten und Vögeln.

2013 gab Schleswig-Holsteins Umweltminister Robert Habeck den Startschuss zur kontrollierten Wiedervernässung der Birk. Seitdem schwappt wieder Ostseewasser über den Deich.

Wer Strandfeeling im Sinn hat, ist auch nicht unbedingt richtig auf der Birk. Zwar führt ein kombinierter Rad- und Wanderweg direkt am Wellenrand entlang. Doch der Strand ist größtenteils abgesperrt, auf weiter Strecke dicht zugewachsen und darf fast nirgends betreten werden. Zusammenfassend lässt sich sagen: Wenn am Leuchtturm von Falshöft kein Parkplatz mehr zu finden ist, der Hund besonders abenteuerlustig drauf ist oder der Himmel überraschend aufklart, verschiebt man den Besuch der Birk am besten auf 's nächste Mal. Heute geht es dann am Leuchtturm rechts – wohin, das steht im nächsten Kapitel.

Wildpferde in freier Natur. Die Koniks sind die absoluten Stars im Schutzgebiet. Wer sie ganz sicher zu Gesicht bekommen möchte, schließt sich einer Führung an.

❶ Integrierte Station Geltinger Birk
Falshöft 11
24395 Nieby
T 04643 1860910
geltinger-birk.de

❷ Birklein Picknick-Station
Beveroe 1a
24395 Nieby
Öffnungszeiten auf instagram

INFO

Die Geltinger Birk ❶ kann auf fünf Rundwanderwegen unterschiedlicher Länge erkundet werden. Einen ersten Überblick, Infomaterial und eine kleine Ausstellung findet man unweit des Besucherparkplatzes beim Leuchtturm Falshöft.

An-/Abreise

Seltsam, seltsam, aber wirklich wahr: es fährt kein Bus zum touristischen Highlight der Region. Wer nicht ohnehin auf zwei Füßen oder Rädern kommt, steigt in Gelting aus (mit dem Bus ab Flensburg und Süderbrarup eine gute Stunde) und aufs Leihrad um.

Einkehr

Nach der Wanderung ist vor dem Cappuccino, Fischbrötchen oder Kuchen an der Kaffeebude ❷ in der Pampa, unweit der Mühle Charlotte.

20 | *Kronsgaard*
Ostseeurlaub mit Hund

Manche Hunde lässt die Ostsee kalt. Manche fühlen sich am wohlsten an der Leine. Manche kuscheln sich am liebsten aufs Sofa. Aber die anderen! Die, die so richtig aufdrehen, wenn die Wellen weiße Schaumkronen tragen, und die, die gar nicht genug Spielkameraden haben können, und die, denen Spaziergänge nicht lang genug sein dürfen – für die ist die Ostsee der Inbegriff von Lebensfreude. Das gilt allemal an dem Küstenabschnitt südlich der Geltinger Bucht, dem nördlichsten Strand, an dem man wirklich von offener Ostsee sprechen kann.

Etwa zehn Kilometer zieht sich der Strand, zum Teil steinig, zum Teil puderzuckerfein, vom Leuchtturm in Falshöft über Kronsgaard und Hasselberg bis nach Gut Oehe kurz vor Maasholm. Auf der gesamten Länge wird er von Uferpfaden, Strandpromenaden,

Am Hundestrand herrscht auch in den Sommermonaten keine Leinenpflicht und an Spielkameraden absolut kein Mangel. Das entspannt Tiere und Menschen.

Ein Hund schaut auf die Wellen. In Kronsgaard und Hasselberg rollen sie ungebremst auf den Strand zu. Es ist der nördlichste Küstenabschnitt an der offenen Ostsee.

Deichwegen begleitet und mit Autos kommt man so gut wie nirgends in Berührung. Das ist ideal zum Gassi gehen. Außerhalb der Saison, vom 1. November bis 31. März, sind Hunde überall willkommen und dürfen frei Schnauze toben und tollen und mit den Wellen tanzen. Ab 1. April müssen Hunde und Begleiter sich bis zum 31. Oktober an die ausgewiesenen Hundestrände zurückziehen. Die bedeuten hier aber keine Verbannung in die hinterletzte Ecke, sondern vier feine Refugien für Vierbeiner. Der beliebteste Hundestrand liegt „mittenmang" und kommt weitaus wunderbarer daher, als er klingt: Pottloch.

In Pottloch rollen blaue Wellen auf weißen Sand zu, sind die Strandkörbe nicht zu dicht gestellt und weil sich das Glück von Hunden ja stets direkt auf ihre Besitzer überträgt, ist die Stimmung ganz besonders entspannt. Links den Strand hinuntergelaufen, wird es bald so ruhig, dass man es kaum glauben kann. Rechts den Strand hinaufspaziert, ist mehr los. Sogar viel mehr, sobald das Wetter zum Campen einlädt. Hier reihen sich mehrere Plätze aneinander wie ein großer. Das bedeutet auf der Habenseite auch typische Strandgastronomie. Die letzte Einkehrmöglichkeit am Ostseestrand, Gut Oehe, hebt sich allerdings ab. Kurz hinter der feinen Adresse endet die offene See dann schon wieder – und die Schlei nimmt ihren Anfang.

INFO

Nachhaltiger Urlaub mit Hund ist in den Landgemeinden Hasselberg und Kronsgaard ganz leicht. Einfach die kompostierbaren Hundebeutel eingepackt und ab an die freie Ostsee, irgendwo zwischen Maasholm und Gelting. Infos und Unterkünfte finden sich auf den gemeindeeigenen Internetpräsenzen ostseeurlaub-in-kronsgaard.de und hasselberg-ostsee.de

Der Sand- und Naturstrand Pottloch zieht sich bis zum Leuchtturm von Falshöft. Ruhesuchende brauchen hier nicht einmal einen Hund, um glücklich zu sein.

An-/Abreise

Je nachdem, wo es ganz genau hingehen soll, könnte man den Zug nach Süderbrarup nehmen, weiter mit dem Bus nach Kappeln reisen, dort in den Bus nach Hasselberg/Nordstrasse umsteigen,

Beim Herrenhaus von Gut Oehe befand sich früher die Schleimündung. Damals war Maasholm noch eine Insel und das Wormshöfter Noor zur Ostsee geöffnet.

um dann zwei bis fünf Kilometer zu laufen. Aber Hand auf's Herz. Wer macht das schon; gerade mit Hund im Gepäck? Um das Auto kommt man also nicht wirklich herum. Vor Ort kann es dann aber stehenbleiben. Die Gegend ist toll zum Laufen und Radfahren.

Einkehr

Zum Lunch, zur Kaffeezeit, zum Abendessen – auf Gut Oehe schmeckt alles so gut, wie der alte Pferdestall des Landhauses aussieht.

Landhaus
Gut Oehe
Oehe 1a
24404 Maasholm
T 04642 9248700
gut-oehe.de

21 | *Naturpark Schlei*
Schleiferien mit Kind

Je früher man mit nachhaltigem Urlaub in Berührung kommt, desto besser. In Maasholm funktioniert es schon auf dem ersten Kilometer. Das Fischerdorf ist weitgehend autofrei. Und es würde niemanden wundern, wenn Pipi Langstrumpf durch die verwinkelten Straßen zum Hafen hüpfte; und tausend Meter weiter bis zum Naturschutzgebiet Schleimündung. Der Nehrungshaken aus Strandwällen, Salzwiesen und Windwatten trennt die Ostsee von der Schlei und darf zum Großteil höchstens unter fachkundiger Führung betreten werden. In den Sommermonaten ist das täglich möglich. Dann starten an der Vogelwarthütte Oehe auch spezielle Kinderführungen. Ist die Hütte nicht besetzt, geht's einfach einige Schritte weiter – zu den Ausstellungen und Mitmach-Angeboten im Naturerlebniszentrum. Dort wird Umwelt-, Küsten- und Meeresschutz auf eine kinderleichte Art erklärt, die auch Eltern staunen lässt. Eine Rallye auf eigene Faust über das Gelände ist ein richtiges, kleines Abenteuer. Schließlich befand sich

Die historischen Kahnstellen stehen unter Denkmalschutz. Früher lagen hier bis zu 140 Schleikähne vor Anker. Heute gehören sie zu den Highlights „de Maas rund".

Fischereihafen, Sportboothafen, Startpunkt für Angeltouren, Ostseeturns und Dampferfahrten auf der Schlei. Maasholms maritime Vielfalt ist einzigartig in der Region.

hier einst eine Raketenstation! Schließlich gelangten hier die Wikinger ins Land! Schließlich ist es nicht weit zum Strand! Und auch nicht zu den Schleibadestellen in Maasholm.

INFO

Die Urlaubsregion Schlei ist als nachhaltiges Reiseziel zertifiziert. Unterkünfte, Hofläden, Aktivitäten, Restaurants und andere ökologisch sinnvolle Freuden finden sich auf den Seiten der Touristinformation ostseefjordschlei.de

An-/Abreise

Nachhaltigkeits-Profis reisen mit der Bahn nach Süderbrarup und weitere 17 Minuten mit der Buslinie 600 nach Kappeln. Vom dortigen ZOB braucht die Line 625 weitere 20 Minuten nach Maasholm. Nachhaltigkeits-Neueinsteiger verlassen bei Kieholm die B199 und folgen der Ausschilderung bis zum kostenfreien Parkplatz Tüünlüüd am Ortseingang.

Eine Bank zum Schnacken vor der Tür und ein Rosenstock daneben ersetzen in den schmalen Gassen von Maasholm den Vorgarten.

❶ **Maasholmer Fischräucherei Petersen**
Uleweg 47
24404 Maasholm
T 04642 6125
petersen-maasholm.de

❷ **Café Sand am Meer**
Hauptstraße 13
24404 Maasholm
cafe-sand-am-meer.de

❸ **Der kleine Eisladen**
Hauptstraße 42
24404 Maasholm

Einkehren & Einkaufen

Wer Maasholm sagt, muss auch Petersen sagen. Seit Jahrzehnten versorgt die Familie halb Angeln und Schwansen mit frischem Fisch. Die Schlange am Imbiss im Hafen ist genauso wenig zu verfehlen wie das Fachgeschäft einige Schritte weiter. Die Urzelle ist die Maasholmer Fischräucherei Petersen ❶.

Himbeerschmand. Rhabarberbaiser. Preiselbeersahne. Dazu ein Café Latte mit Hafermilch. Das Mekka aller Tortenliebhaber liegt in Maasholm, im Café Sand am Meer ❷.

Dass die Eiskreationen ❸ selbstgemacht sind, interessiert Eltern vermutlich mehr als Kinder. Die finden viel wichtiger, dass es so lecker schmeckt.

Hat Udo Petersen geöffnet, gibt's keinen besseren Platz für ein Fischbrötchen als den Imbiss am Hafen. Ist geschlossen, findet man das Haupthaus einige Schritte weiter.

④ Naturerlebniszentrum Maasholm
Exhöft-Seeberg 1
24404 Maasholm
T 0461 97892556
naturerlebnis
zentrum.de

⑤ Barfusspark Schwackendorf
Schwackendorf 37
24376 Hasselberg
T 0151 19494949
barfusspark-schwackendorf.de

⑥ Surfschule Maasholm
Ortseingang
24404 Maasholm
T 0171 3474450
surfcenter-maasholm.de

Erkunden & Erleben

Wie Ostsee und Schlei aussahen, als es noch keine Landwirtschaft, Häfen, Deiche und Urlauber gab? So wie die Landzunge beim Naturerlebniszentrum ④ an der Schleimündung. Das Freigelände ist ganzjährig kostenfrei zugängig. Im Sommer starten Mitmachangebote für kleine Strandforscher. Alles Wichtige und eine Rallye zum Runterladen unter www.naturerlebniszentrum.de

Ganze 1,5 Kilometer auf Sand, Moor, Torf, durchs Wasser und sogar über Glasscherben laufen. Auf Slacklines und über Wippen balancieren. Esel, Ziegen, Katzen, Kaninchen und andere heimische Tiere füttern oder streicheln. Man weiß gar nicht, was man zuerst machen will im Barfusspark Schwackendorf ⑤.

Solange auch nur irgendein Kind in Deutschland Sommerferien hat, also bummelig von Juni bis September, kann es am Wormshöfter Noor die wirklich wichtigen Dinge lernen: Surfen, Kiten, Stand-Up-Paddling, Windfoilen ⑥.

22 | *Schleimünde*
Inselguide

Landratten erkennt man daran, dass sie *zur* Schleimünde fahren. Seebären hingegen fahren *nach* Schleimünde. Schließlich ist die Schlei kein Fluss. Sie mündet nicht in die Ostsee. Sie nimmt hier ihren Anfang. Die Schlei ist übrigens auch kein Fjord, wie es immer mal wieder heißt. Und auch keine Seenkette, obwohl sie weiter im Landesinneren manchmal so aussieht. Die Schlei ist ein Meeresarm. Filigran und schön und ziemlich exakt so lang wie ein Marathonlauf streckt sich die Schlei von der offenen See bis nach Schleswig durch die Landschaften Angeln und Schwansen. Wenn Seebären nun *nach* Schleimünde fahren, dann meinen sie eigentlich die Lotseninsel. Die ist allerdings keine Insel. Und dennoch nur auf dem Wasserweg zu erreichen. Ganz schön verwirrend das alles. Aber wenn der Dampfer dann erst einmal anlegt, wird das Leben so leicht, wie es nur auf einem winzigen Eiland im Meer sein kann.

Der Leuchtturm von Schleimünde schickt seit 1871 seine Strahlen über die kleine Lotseninsel, die Schlei hinunter und auf die offene Ostsee hinaus.

30 Minuten. So kurz ist der Landgang für die Passagiere der Ausflugsschiffe. Es ist trotzdem nicht nötig zu drängeln oder sich auch nur in die Schlange einzureihen. Hat sich die Meute nämlich in Bewegung setzt, verwandelt sich das leere Deck in einen top Aussichtsbalkon. Weit geht der Blick über den Nehrungshaken, dessen Landspitze eben die Lotseninsel bildet. Alle Welt strebt dort direkt zum grün-weiß-geringelten Leuchtturm am Ende der Mole. Das bedeutet freie Bahn für alle, die gegen den Strom und im Uhrzeigersinn den Inselrundgang antreten. Er führt vom Seglerhafen zur kleinen Strandbucht, beim alten Lotsenhaus vorbei zur Brandungsseite. Der Leuchtturm ist dann erst an der Reihe, wenn das Gros schon wieder an Deck sitzt.
Drei bis vier Stunden. So lang lässt sich der Inselausflug – je nach Linie – im Sommer ausdehnen. Dann fahren die meisten Schiffe zweimal täglich. So kann die morgendliche Passage mit einer Rückfahrt am Nachmittag kombiniert werden. Das lässt Luft für eine halbstündige Naturführung. Die Guides des Vereins Jordsand bieten sie bei jeder Ankunft eines Fahrgastschiffes an. An ausgewählten Tagen steht die doppelt so lange Variante auf dem Plan. Dann geht es in das Schutzgebiet Schleimündung hinein (siehe Kapitel 21). Dass dieser Bereich normalerweise nicht betreten werden darf, macht die Lotseninsel auf gewisse Art wirklich zur Insel. Und wie jede Insel, die etwas auf sich hält, gibt es auch eine Hafenkneipe. Giftbude heißt sie. Von „dor gift dat wat". In alten Zeiten war das vor allem Schnaps. Seit ein inklusives Team der

Das Naturschutzgebiet Schleimünde darf nur unter fachkundiger Führung betreten werden. Die Strandwalllandschaft gehört zu den letzten natürlichen Bereichen der Ostseeküste.

Schleswiger Werkstätten die Gaststätte bespielt, stehen Lotsenburger und Fischgerichte auf der Karte. Wieviel Kreativität in dem von der Aktion Mensch unterstütztem Projekt steckt, zeigt sich gleich nebenan im Schlei-Kiosk. Abgesehen von den Lebensmitteln ist dort alles selbstgemacht. Die maritimen Upcycling-Produkte sind prima Andenken an den Inselausflug.

Tag und Nacht. Abgesehen von der Crew der Giftbude dürfen nur Gäste auf der Insel bleiben, die mit dem eigenen Boot anreisen. Ist gerade keine Segelyacht zur Hand, darf es auch ein Seekajak sein. Dafür sorgt seit Ende der 1990er Jahre der naturnahe Wasserwanderverein Schleimünde. Er gründete sich, nachdem der letzte offizielle Insellotse von Bord ging und der Hafen für die Allgemeinheit gesperrt werden sollte. Mit viel persönlichem Engagement und dank großzügiger Spenden konnten die Mitglieder den Hafen erhalten, Hafenmeisterbüro und Sanitärgebäude renovieren und die Paddelwiese kaufen. Dort dürfen Kanuten und Paddler zelten.

INFO

Die Lotseninsel befindet sich im Besitz der Lighthouse Foundation, einer Stiftung für Meere und Ozeane. Sie ersteigerte den Südzipfel der Landzunge von Schleimünde, um sie langfristig für die Allgemeinheit zu sichern. Alle, die sich um und auf der Lotseninsel verdient machen, fühlen sich dem Naturschutz in besonderer Weise verpflichtet und hoffen, dass Inselgäste es genauso halten. Mehr Info: lotseninsel.de

Anreise

Die Fahrgastschiffe zur Lotseninsel starten von Kappeln. In Maasholm ist der Zustieg möglich. Barrierefrei übrigens. Das gilt für den Raddampfer *Schlei-Princess* und den Ausflugsdampfer *Nordlicht* der Reederei Gerda Müller genauso wie an Bord von Julia Seebode, Kapitänin auf der *MS Stadt Kappeln*. Fahrplan, Preise und alles andere unter schleiraddampfer.de und schlei-ausflugsfahrt.de

Unterkommen

Segler und Kanuten zahlen das Hafengeld direkt nach Ankunft im Hafenmeisterbüro. Dort gibt's dann auch alle Infos zu Insel und Hafenordnung. Genau wie unter hafen-schleimuende.de

Einkehren & Einkaufen

Hafenmeisterbüro, Inselsauna, Giftbude, Schlei-Kiosk, all das hält eine inklusive Mannschaft aus Menschen mit oder ohne Handicap am Laufen. Aktuelle Öffnungszeiten, News zu Veranstaltungen und Angeboten werden über www.facebook.com/schleimuende bekanntgegeben.

Original, regional, sozial. So lautet die Überschrift für die handgefertigten Produkte der Schleswiger Werkstätten. Falls die nächste Butterfahrt zum Schlei-Kiosk auf der Lotseninsel noch in weiter Ferne steht, tut's auch der online-Laden schlei-shop/ngd.de

Schleimünde bei Nacht ist Wassersportler:innen vorbehalten. Wer keine eigene Kajüte besitzt, darf ein Zelt im Kanu oder Boot auf die Insel bringen.

23 | *Maasholm*
Naturpark in Wasserlage

In der Nähe der Bushaltestelle von Maasholm, gleich beim Wormshöfter Noor, steht die erste Infotafel des Naturparkwanderwegs. Er verbindet vier der insgesamt sechs Schleswig-Holsteinischen Naturparke: Schlei, Hüttener Berge, Westensee und Aukrug. Von den 180 Kilometern entfallen 42 auf die Schleiregion. Das wäre im durchschnittlichen Wandertempo in zwei Tagen zu machen. Doch das wäre viel zu rasant für die Gegend. Anders als in Naturschutzgebieten dreht sich in Naturparken alles um Kulturlandschaften, also das Zusammenspiel von Mensch und Umwelt. Dabei geht es um Artenvielfalt und Klimaschutz genauso wie um die Stärkung ländlicher Regionen, die eigene Erholung und Gesundheit, nachhaltigen Tourismus und Bildung. Das bedeutet also nicht nur Naturerlebnisse und Tierbeobachtungen, sondern auch kulturelle Abstecher, ausgedehnte Pausen in Landgasthöfen und Hof-Cafés, auch mal einen Schnack zwischendurch, kurz ein Ver-

Die Maasholmer Petrikirche ist der erste empfehlenswerte Abstecher auf dem Fernwanderweg durch den Naturpark Schlei – und zwar noch bevor man überhaupt gestartet ist.

Dicht am Wormshöfter Noor führt der Naturparkwanderweg von Maasholm Richtung Kappeln. Die heimliche Hauptstadt der Schleiregion bietet sich als Etappenziel an.

ständnis für Land und Leute. Und so dauert es eben seine Zeit, am Nordufer der Schlei von Maasholm nach Arnis zu wandern, wo die Fähre ans Südufer pendelt. In Schwansen angelandet, darf es dann gern noch etwas langsamer werden. Hektik passt nicht nach Sensby, Sieseby, Kriseby, Rieseby, Weseby oder Fleckeby, um nur mal einige Schleidörfer zu nennen.

Genießerische Gemütlichkeit ist angesagt. Das beginnt schon an der ersten Infotafel des Naturparkwanderweges in Maasholm, der direkt dorfauswärts führen will. Doch mindestens den Hafen muss man zuvor mal gesehen haben. So beginnt die Wanderung mit einem ersten Abstecher – es sind auch bloß 500 Meter über den Uleweg. Zweites Frühstück oder frühes Lunch mit Meerblick? Sehr gute Idee. Kleiner Bummel durch die Galerien und Läden mit Kunsthandwerk in der ruhigen Haupt- und Westerstraße? Versteht sich von selbst. Und dann ab auf den Pflichtspaziergang: de Maas rund. So heißt der zauberhafte Uferweg, der sich um die einstige Insel Maasholm zieht, vorbei an der winzigen Petri-Kirche in Wasserlage und den historischen Kahnstellen, bis man wieder am eigentlichen Startpunkt des Naturparkwanderwegs steht.

Gut Buckhagen liegt umgeben von einem Wassergraben in herrlichen Parklandschaft weitab vom Schuss, ganz in der Nähe des kleinen Strandes von Rabelsund.

Später als geplant, begeisterter als gedacht, geht es nun wirklich los; zunächst dicht am Noor entlang. Noore, sind ganz typisch für die Schlei, beinahe komplett abgetrennte Buchten, die sanften Seen gleichen. Ab Wulfsholz führt der Weg dann mitten durch die Felder. Nach gut fünf Kilometern ist Gut Buckhagen erreicht, ein wunderschönes Anwesen mit der Anmutung eines englischen Landschaftsparks und tollen Sichtachsen auf Maasholm und die Schlei. Die gutseigenen Boote machen zwei Kilometer weiter in Rabelsund fest. Früher legten hier noch Dampfer aus Kappeln am Anleger eines legendären Ausflugslokals an. Heute strömen vor allem Angler zu dem kleinen Strand an der tiefsten Stelle der Schlei. Baden? Mindestens mal in der Sonne. Nicht umsonst hat Frank Sinatra schon mal Ferien in Rabelsund gemacht.

Ist die schönste Aussichtsbank Angelns am Strand von Rabelsund besetzt, sucht man sich entlang des Trampelpfades einen Wackerstein am Schleiufer.

Waren bisher Radfahrer in der Überzahl, dürfen im weiteren Wegverlauf nur noch Wanderer den Ausblick auf Kappeln genießen und sich auf Wiesenpfaden zurück zur Zivilisation durchschlagen. Sie kündigt sich in Form der lauten Nordstraße an. Doch keine Angst, das gibt sich schon nach wenigen Hundertmetern in Grauhöft. Bald kündigen Werften und Bootsanleger den Hafen von Kappeln an. Hier ist der Sundowner schon kühlgestellt und es duftet nach gegrilltem Fisch. Bleiben? Auf jeden Fall. Zwar zeigt der Schrittzähler noch nicht einmal 13 Kilometer, aber das ist genau das richtige Tempo für die Schlei.

INFO
Mehr Informationen rund um den schönsten Meeresarm der Welt und den Naturparkwanderweg gibt es unter naturparkschlei.de.

Anreise
Bahn bis Süderbrarup. Weiter mit Buslinie 600 nach Kappeln. Die Buslinie 625 verbindet Kappeln und Maasholm in 25 Minuten.

Naturpark Schlei e.V.
Plessenstraße 7
24837 Schleswig
T 04621 8500 515
naturparkschlei.de

24 | *Kappeln*
Act local

Es hat sich viel getan, seit »dat Dorp tho Capell« im 14. Jahrhundert erstmals urkundlich erwähnt wurde. Kappeln boomt neuerdings stärker als Sylt.

Was auf einer gewissen Nordseeinsel die Vogelkoje, ist in Kappeln der Heringszaun. Die trichterförmigen Fanganlagen funktionieren nach dem gleichen Prinzip. Über Jahrhunderte lockten sie Schwärme von Wildenten in Sylter Netze, beziehungsweise Fische in Kappelner Reusen. Heute sind es vor allem Touristen. Schon wird gemunkelt, die Schlei sei das neue Sylt und Kappeln das neue Kampen. Das ist einerseits willkommen. Kappeln braucht den Tourismus. Mit Fischfang allein können jedenfalls nicht mehr Viele ihr Auskommen sichern. Nicht nur, dass in den letzten einhundert Jahren die Bestände um Zweidrittel zurückgegangen und ganze Arten ausgestorben sind: In der Schlei fühlen sich Fische auch zunehmend unwohl. Nährstoffe aus intensiver Landwirt-

schaft, Abwässer von Einwohnern, Gästen und Gewerbe setzen dem Meeresarm ganz schön zu. Und das ist die nicht so wunderbare Seite der noch neuen Spitzenposition im Tourismus.
Im Modellprojekt Schlei sollen verschiedene Ansätze helfen, den Wasserzustand wiederherzustellen, zu dem sich Deutschland eigentlich für alle Fließgewässer verpflichtet hat. So werden etwa landwirtschaftliche Nutzungspausen, Ackersenken, Blühstreifen, Ursprungs-Saatgut und Renaturierungen finanziell gefördert. Das freut nicht nur die Schlei, sondern kurbelt auch die Produktion nachhaltiger Waren an. Glücklicherweise finden sich in Kappeln noch etliche alteingesessene Einzelhändler und innovative Erzeuger, die nicht kurzfristig, sondern in Generationen denken. Sie

Der letzte von einst 40 Heringszäunen an der Schlei. Wirtschaftlich ist die alte Angelmethode nicht mehr. Es sei denn man rechnet die touristische Strahlkraft ein.

Wer Ruhe sucht, sollte Kappeln während der Heringstage meiden. Das viertägige Volksfest zu Himmelfahrt lässt die Stadt jedes Jahr wieder Kopf stehen.

stehen für Qualität und wissen, welcher Fisch, welches Fleisch, welches Gemüse unbedenklich in den Einkaufskorb wandern darf. Wer will, dass es so bleibt, muss sie unterstützen. Sonst wird es irgendwann so wie in Kampen.

INFO

Was man in Kappeln gesehen haben muss, können Einheimische am besten beantworten. Die Holländerin Amanda gehört dazu ❶.

Erkunden & Erleben

Erst den Ausblick auf die kleine Stadt von der umlaufenden Galerie der Mühle bewundern, dann den Flyer mit zwei Stadtspaziergängen schnappen (auch online), um „Kappeln rund“ zu erbummeln.

Anreise

Bahn bis Süderbrarup. Weiter mit Buslinie 600 nach Kappeln. Das dauert von ZOB zu ZOB bloß eine Viertelstunde.

Unterkommen

Wenn's mal was Besonderes sein darf: Im Boutique-Hotel in einem alten Getreidespeicher warten 17 stilvolle Zimmer, Studios und Suiten mit (meist) Schleiblick ❷.

❶ Touristinformation in der Mühle Amanda
Schleswiger Straße 1
24376 Kappeln
T 04642 4027
ostseefjordschlei.de

❷ **Pierspeicher**
Am Hafen 19 C
24376 Kappeln
T 04642 9999 420
pierspeicher.de

Einheimische würden nie um viertel vor die Brücke ansteuern. Denn dann öffnen sich die Klappenpaare in Stahlbauweise, um Schiffen die Durchfahrt zu ermöglichen.

❸ **Kappelner Wochenmarkt**
Reeperbahn 2
(am Rathaus)
24376 Kappeln

❹ **Prinz Bio-Markt**
Querstraße 2A
24376 Kappeln
T 04642 3836
prinz-biomarkt.de

Einkehren & Einkaufen

Viel bio, grundsätzlich frisch und regional, unverpackt sowieso, jeden Donnerstag von 07.30 bis 13.00 Uhr ❸.

Im Herzen von Kappeln gab's schon einen Bioladen, als das noch überhaupt nicht hip war ❹.

In der ältesten Straße Kappelns wird der Fisch seit Urgroßmutters Zeiten in Altonaer Öfen über Buchenholz und Erlenspänen geräuchert ❺.

❺ Fischräucherei Föh
Dehnthof 26-32
24376 Kappeln
T 04642 2274

❻ Restaurant Stark
Hafenstraße 20
24376 Kappeln
T 04642 1616
restaurantstark.de

❼ Alte Eule
Hüholz 5
24376 Kappeln
T 04642 82575
alte-eule.de

Bei Norbert Stark ❻ gibt's keine Speisekarte, sondern die gleiche Vorspeise für alle und zum Hauptgang individuelle Beratung an der Fisch-Theke.

Fleisch nur zu besonderen Anlässen, dann aber in bester Qualität und von Tieren, die vorbildlich gehalten werden – so läuft das im Hüholz. Entweder beim Direktverkauf oder an einem Tag pro Woche in der Burgermanufaktur *Alte Eule* ❼.

25 | *Kappeln*
Wiki-Pedalia

Beim Ornumer Noor geht es bergiger zu, als man es der Schleiregion zutraut. Wer lange nicht trainiert hat, sollte über ein e-Bike nachdenken.

Das beste Fortbewegungsmittel an der Schlei ist ohne Frage das Rad. In weiten Teilen sind ihre Ufer nämlich unzugänglich. Wege und Straße führen oft in einigem Abstand über Land. Die Stichpfade zu den versteckten Stränden, fast geheimen Picknickplätzen und Aussichtsbänken sind für Wanderer recht lang und für Autos häufig nicht befahrbar. Ganz zu schweigen von Parkmöglichkeiten. Für Radfahrer ist das natürlich prima, denn so bleibt man unter sich. Wer die Schlei in Gänze auf einer Tour erfahren möchte, ist auf dem Wikinger-Friesen-Weg richtig. Der 300 Kilometer lange Törn führt von der Nordsee an die Ostsee; an der Schlei verläuft er an beiden Ufern. So wird ein Rundweg über Kappeln und Schleswig möglich. Als Sahnebonbon ist der Fernradweg vertont. Von insgesamt 43 Hörstationen befinden sich 25 allein an der Schlei. Dort dreht sich fast alles um die Wikinger. Audiotracks, Tipps für den Wegrand, Infos zu Reise- und Routenplanung auf wikinger-friesen-weg.de

Die schönsten Etappen des Wikinger-Friesen-Wegs führen dicht am Schleiufer entlang, wie hier bei Sieseby. Badesachen und Picknickdecke gehören unbedingt in den Fahrradkorb.

26 | *Kappeln*
Die perfekte Urlaubsplanung

Die entspannteste Art die Schlei zu bereisen, sind ohne Frage Ausflugsschiffe. Denn auf welchem Fortbewegungsmittel kann man es sich sonst an der frischen Luft mit dem Lieblingsgetränk in der Hand gemütlich machen? Eben. In den Sommermonaten startet die MS Nordlicht (schleiraddampfer.de) langschläferfreundlich um viertel vor Elf. Am besten nimmt man sich das für einen der ersten Urlaubstage vor. Denn nebenbei funktioniert die Partie auch noch als fabelhafter Reiseplaner. Während man durch die idyllische Landschaft gleitet, wandern Bilderbuchdörfchen, Badestrände, Fischersiedlungen und Fährstellen auf die Urlaubsliste, darunter etliche, die man mit dem Auto nie zu sehen bekäme. Pünktlich zum Lunch wird in Schleswig festgemacht. Der Landgang von 1,5 Stunden reicht gerade einmal, um weitere Urlaubspläne zu schmieden. Die Handelsmetropole der Wikinger und Residenz der Bischöfe hat enorm viel zu bieten. Unter anderem auch ein Traditionsschiff, das auf große Schleitour geht: schleischifffahrt.de

Sonnendecks mit Ruhebänken, Panoramafenster im Salon – mit dem Ausflugsdampfer NORDLICHT geht es auf Tages-Kreuzfahrt von Kappeln nach Schleswig. Und zurück.

Letzter Anleger vor der Ostsee. In Schleimünde endet die Schleischifffahrt mit einem Besuch der kleinen Lotseninsel und dem festen Wunsch wiederzukommen.

27 | *Arnis*
Auszug nach Arnis

Die Hauptstraße von Arnis bummelt man am besten zu Fuß herunter. In der kleinsten Stadt Deutschlands ist man für jeden SUV weniger mehr als dankbar.

Die einzig richtige Art nach Arnis zu ziehen, ist ein Spaziergang von Kappeln aus. Am – ohnehin sehenswerten – Museumshafen beginnt nicht nur ein schöner Wanderweg, sondern auch die Geschichte von Deutschlands kleinster Stadt. Hier brachen 1666 unerschrockene Kappelner in eine ungewisse Zukunft auf. Detlef von Rumohr, der Schrecklichste unter den schrecklichen Roester

Bootsanleger sind wichtiger als Parkplätze. Schließlich ist Arnis an drei Seiten von Wasser umgeben. Beinahe jedes Haus besitzt einen eigenen Steg an der Schlei.

Gutsherren, wollte die Kappelner leibeigen machen. Darum entschlossen sich 64 Familien, ihre Heimat zu verlassen. Sie wanderten auf eine unbewohnte Insel aus.

Heute ist Arnis alles andere als unbewohnt und auch längst mit dem Festland verbunden. Die schmale Landzunge ist recht dicht bebaut. Dies aber auf jene Weise, die schon mal vor Entzücken seufzen lässt. Arnis besteht aus einer langen Straße, die folgerichtig Lange Straße heißt. Die Häuser müssen ohne Vorgarten auskommen. Nach hinten aber reichen die ungeheuer langen und exakt zehn Meter breiten Grundstücke alle bis ans Wasser. Ein umlaufender Pfad trennt die Gärten der glücklichen Besitzer von den privaten Badestellen und Bootsstegen an der Schlei. Auf dem Pfad lässt sich Arnis in einer Viertelstunde umrunden. An ihrer Spitze ist die Landzunge nicht bebaut. Dort hat man das Gefühl, auf dem

Die kleinste Stadt Deutschlands vom Fähranleger in Sundsacker gesehen. Die Arnis Fähre verbindet schon seit 1825 die Landschaften Schwansen und Angeln.

Bug eines Schiffes zu stehen. Eines, das sehr tief im Wasser liegt. Nur ist eine Stadt natürlich kein Schiff und hebt und senkt sich nicht mit dem Meeresspiegel. In Arnis wird sehr klar, was sein Anstieg bedeutet. Selbst robuste Gemüter verlieren da die Lust, den Klimawandel zu befeuern. Zartere Seelen entwickeln einen regelrechten Beschützerinstinkt.

INFO

Hand aufs Herz: An Sommersonntagen freut man sich in Arnis über alle, die den Besuch auf weniger frequentierte Tage verschieben.

Anreise

Mit der Bahn bis Süderbrarup. Von dort sind es zwölf km mit dem Rad oder eine gute halbe Stunde mit der Buslinie 610. Der Spazierweg von Kappeln nach Arnis ist etwa vier km lang.
Von März bis Oktober pendelt eine Fähre von Arnis nach Sundsacker am südlichen Schleiufer (siehe Kapitel 42).

Unterkommen

Knapp vier km die Schlei hinunter punktet der kleine Campingplatz in Karschau ❶ mit Badestelle, Bootsanleger, Bistro Schleistübchen und Fahrradverleih.

❶ Campingpark Schlei-Karschau
24407 Rabenkirchen-Faulück
T 04642 920820
campingpark-schlei.de

❷ Speisewirtschaft Specht
Friedenshöher Straße 21
24376 Grödersby
T 04642 9834863
spechtspeisewirtschaft.de

❸ Zur Schleiperle
Strandweg 125
24399 Arnis
schleiperle-arnis.de

Erkunden & Erleben

Auf dem Friedhof der niedlichen Schifferkirche von 1673 erzählen die Sprechenden Steine die Lebensgeschichten von Arnisser Familien. Vom Parkplatz führt ein Naturlehrpfad durch die Noor-Wiesen und den Schulwald zur alten Badeanstalt.

Einkehren & Einkaufen

Vor den Toren – beziehungsweise den Bootsstegen – von Arnis tischen die Spechts ❷, Mitbegründer von FEINHEIMISCH, frisch, ehrlich und kreativ auf.

Die auf Pfählen gebaute blaue *Schleiperle* ❸ ist seit Generationen fast schon gleichbedeutend mit einem Ausflug nach Arnis. Wenn grad wieder alle Plätze besetzt sind, muss ein Eis aus feinster Landmilch an der Luke reichen.

Über Laufkundschaft musste sich die Strandhalle ❹ noch nie Gedanken machen. Der Fußweg führt direkt zwischen den Tischen an der Wasserkante und dem lässigen Strandbistro hindurch. Auf den Teller kommen Pommes im Japan-Style und Fischbaguettes in der Deluxe-Variante.

Tee und Wein in Bio-Qualität, Torten manchmal vegan und immer gleichermaßen Augenweide wie Gaumenschmaus im Vintage-Café *Der Arnisser* ❺.

Das Gasthaus an der Fähre ❻ sieht ausnahmsweise nicht aus, wie man sich in Berlin Mitte das Landleben vorstellt. Die Küche des Familienbetriebs ist aber vom Feinsten.

❹ Strandhalle 54
Strandweg 123
24399 Arnis
T 04642 9279928
sh54.de

❺ Der Arnisser
Lange Straße 85
24399 Arnis
T 4642 9279857
derarnisser.de

❻ Fährhaus Arnis
Lange Straße 21
24399 Arnis
T 04642 3050

Die Grundstücke in Arnis sind nur zehn Meter breit, aber unendlich lang. Zwischen Garten und Bootsanleger führt ein historischer Pfad Arnis rund.

28 | *Ekenis*
Kleine Wildnis

❶ **Naturerlebnisraum Moostoft**
Böttjerstraat 3
24392 Ekenis

Es dauert etwa zwei Minuten durch Ekenis zu radeln. Freitags vielleicht etwas länger. Dann werden in der Wilderei (wilderei.eu) für einige Stunden feinheimische Wildspezialitäten und Wildkräuterkäse verkauft. Das Ladenlokal befindet sich etwa in der Dorfmitte, kurz bevor die Straße Osterballig in die Straße Süderballig übergeht. Der wahre Ortskern bleibt Durchreisenden aber verborgen. Es ist ein Wilder Garten mit Bänken und Picknickpavillon, der als Ruhepol und Treffpunkt gleichermaßen dient. Die Idee, ein zwei Hektar großes Wiesengelände in einen Naturerlebnisraum zu verwandeln, hatten die Ekenisser schon in den 1990er Jahren. Das Moorgebiet, ein ehemaliges Toteisloch, wurde renaturiert, ein alter Graben ausgehoben, ein Knick angelegt, ein Steingarten, ein Kräuterbeet, eine Streuobstwiese, verschiedene Feuchtbiotope und Objekttafeln mit Wissenswertem zu Brennnesseln und Blühwiesen und groß genug für eine Dorfgemeinschaft oder eine persönliche Auszeit.

Rosenblüten waren schon bei den Babyloniern zur Herstellung duftender Öle und kostbarer Salben verwandt. In Ekenis bilden sie die Basis für gemeinschaftliches Gärtnern.

Je öfter ein Rasenmäher über die Wiese brettert, desto geringer fällt die Artenvielfalt aus. Im Moostoft gehört Wildwuchs daher zum Konzept.

29 | *Süderbrarup*
Der Zauber vom Os

Das Os ist ein natürlicher Wallberg. Im Ursprung neun Meter hoch und 500 Meter lang. Der verbliebene Zauberberg beeindruckt mit prächtigen Baumsolitären.

Für einen winzigen Frosch ist die Weinbergschnecke groß wie ein Elefant. Für die Weinbergschnecke gleicht das Os dem Himalaya. Fachleute nennen es ein eiszeitliches Relikt. Naturschützer sehen darin ein Refugium für 225 Pflanzenarten, von denen mehr als dreißig auf der roten Liste stehen. Für alle anderen ist schwer vorstellbar, dass der Wallberg wirklich natürlichen Ursprungs ist. Neun Meter hoch und mehrere Hundert Meter lang zieht er sich durch die Felder wie ein gewaltiger Deich. Das Os zählt zu den zwölf Stationen auf dem »Historischen Kultur- und Natur- Rad- und Wanderlehrpfad Süderbrarup/Norderbrarup«. So sperrig der Titel so spannend die Runde. Als Highlight gilt das Thorsberger Moor; ein Opferplatz aus der römischen Kaiserzeit. Der Ausflug endet am denkmalgeschützten Bahnhof Süderbrarup. Das ist nicht weit vom Start am Marktplatz entfernt, wo eine Übersichtstafel auf die acht Kilometer lange Runde schickt. Die ausliegenden Flyer sind auch unter amt-suederbrarup.de/buergerservice/tourismus-und-freizeit zu finden.

Das Thorsberger Moor war schon im 1. Jahrhundert vor Chr. ein bedeutender Opferplatz. Objekttafeln säumen den kleinen Rundweg um den geheimnisvollen See.

30 | *Lindaunis*
Schleidörfertempo

Irgendwann wird die Sperrung der Schleibrücke von Lindaunis nicht mehr die regionalen Verkehrsnachrichten anführen. Bis es soweit ist, gehört sie zu den Lieblingsmotiven.

So wie alles in den Schleidörfern etwas kleiner daherkommt, als Großstadtmenschen es gewohnt sind, geht auch vieles etwas langsamer. Wer da zu schnell durch die Gegend düst, übersieht das Beste. Allemal in Lindaunis, wo die alte Klappbrücke im Schneckentempo durch eine neue ersetzt wird. Noch bis mindestens Ende 2025 wird die Verbindung nach Schwansen immer mal wieder und dann für Monate nur mit dem Rad möglich sein. Doch das ist ohnehin das bessere Vehikel für einen Abstecher zum Schneiderhaken, einer Landzunge mit Blick auf Klappbrücke und

Kühe auf dem Schneiderhaken. Die Halbinsel mit kleinem Sandstrand ist bei Familien, Wasserwanderern und Landjugend gleichermaßen beliebt.

Gut Stubbe (Kapitel 38). Der zubringende Weg führt direkt an dem Café vorbei, das sich noch immer als Landarzthaus vorstellt. Das spielt auf eine Vorabendserie an, auf die sich viele an der Schlei noch beziehen. Dabei ist sie niemandem unter 40 mehr bekannt. Ganz anders als der Traum aller Food-Redakteure und Art Direktorinnen mit Faible für phantastische Torten.

① **Café Lindauhof**
Lindauhof 4
24392 Boren
T 04641 3710
cafe-lindauhof.de

31 | *Ulsnis*
Alles, was es braucht

Als die raumbeherrschende Orgel 1785 gebaut wurde, war die heutige St. Wilhaldi Kirche schon hunderte Jahre alt. Sie ist vermutlich das älteste Gotteshaus Angelns.

Ulsnis Strandhotel. In herrlichem Buchenwalde, unmittelbar an der Schlei gelegen, täglich Dampfschiffsverkehr, empfiehlt sich den Touristen, Ausflüglern und Sommerfrischlern. Um regen Zuspruch bittet der Besitzer.

So annoncierte Heinrich Lüdemann 1907 im Schleiboten. Er hatte das erst wenige Jahre zuvor eröffnete Haus gerade übernommen. Und es braucht gar nicht viel Phantasie, um sich die Gäste im Sonntagsstaat bei der Eröffnung vorzustellen. Wie sie auf der Terrasse den Schleiblick genossen, durch den Garten flanierten und im großen Festsaal tanzten. Auch wenn ja längst keine Erfrischungen mehr gereicht werden und niemand mehr in Ulsnisstrand groß aufspielt. Heutzutage verfügt das Dorf über beinahe gar nichts mehr, was landläufig als überlebenswichtig gilt. Für gewisse Menschen bietet Ulsnis aber gerade darum alles, was man wirklich braucht. Ruhe zum Beispiel. Und eine Bank am kleinen Strand, gleich beim Anleger.

Villa Marga und das ehemalige Haus der Westbank in Ulnisstrand entstanden, als sich das kleine Fischerdorf in ein Villenviertel und Sommerausflugsziel verwandelte.

HALTE
IM
GEDÆCHTNISS
IESUM
CHRISUM

Ruhe. Bank. Und die Schlei. Eine ganz wunderbare Kombination, vor allem an warmen Sommertagen, wenn der Wind sacht durch die Schilfgürtel geht.

❶ **St.-Wilhadi-Kirche**
Schleidörfer Straße 33
24897 Ulsnis
T 04641 933014
kirche-süderbrarup.de

❷ **Dorfmuseum Ulsnis**
Strandweg
24897 Ulsnis

❸ **Bauerngarten Chalupka**
Hestoft 24
24897 Ulsnis

INFO

Ulsnis ist ein wenig anders, ein bisschen schräger. Das liegt wohl auch an der sagenumwobenen Wohngemeinschaft im Ortsteil Kius, die Künstler, Musiker und die Werner-Comics hervorbrachte. Mehr über Ulsnis auf den dorfeigenen Seiten: ulsnis.de

An-/Abreise

Bahn bis Süderbrarup. Die Busfahrt mit der Linie 605 dauert knapp 20 Minuten. Oder eine halbe Stunde mit dem Rad.

Erkunden & Erleben

Der ältere Teil der Kirche ❶ von Ulsnis datiert auf die Mitte des 12. Jahrhunderts. Wie in Angeln üblich, wurde sie auf einem Thingplatz erbaut. Der hölzerne Glockenturm aus dem 16. Jahrhundert thront auf einem bronzezeitlichen Grabhügel.

An der Kirche befindet sich eine von etlichen Wanderkarten. Denn in Ulsnis warten 22 (in Worten: zweiundzwanzig!) markierte Wanderwege. Sie führen nach Ulsnishöh, Ulsnisstrand, Ulsnisfeld, Ulniskirchenholz und darüber hinaus. Für den digitalen Themenpfad von Ulsnis braucht es die kostenlose App Naturpark

Das Dorfmuseum von Ulsnis wird durch Schenkungen und Leihgaben aus der Nachbarschaft immer reicher an Geschichte(n). Geöffnet ist nur Sonn- und Feiertags.

Schlei. Die erste von zehn Stationen befindet sich an der Bushaltestelle Ulsniskirchenholz ganz in er Nähe der Kirche. Unter der Überschrift Gewässer führt die 4,5 Kilometer lange Runde zu Bächen, Auen, Teichen, Viehtränken und ans Schleiufer.

Von Ostern bis Oktober öffnet das Dorfmuseum Ulsnis ❷ an Sonn- und Feiertagen für einige Stunden seine Türen. Dort dreht sich alles um das ländliche Leben in Ulsnis, Kius und Steinfeld.

Jahre und Jahre und Jahre haben Michael und Heidi Chalupka ihren Garten gehegt und gepflegt, bis er sich wieder als verschwenderischer Bauerngarten ❸ zeigte, wie sie früher überall zu finden waren. Steht die Gartenpforte offen, darf man das kleine Paradies bewundern.

❹ Hofladen Lass
Kius 14
24897 Ulsnis
T 04641 8851
landei-aus-angeln.de

Einkehren & Einkaufen

Keine Läden in Ulsnis Mitte. Kein Café. Und der Gasthof öffnet nur, wenn man ihn mietet. Für das Allernötigste sorgt die Regio-Box. Der Lebensmittelautomat in der Schleidörfer Straße 16 wird von Familie Lass bestückt. Zum Vollsortiment auf dem Hühner-Wohlfühl-Hof ❹ sind es mit dem Rad etwa fünf Minuten.

❺ Hof Delz
Kius 19
24897 Ulsnis
T 04641 8328
hof-delz.de

Gleich nebenan bewirtschaftet Familie Delz ihren Hof ❺ seit den 1980er Jahren nach Demeter-Kriterien. Im Regiomaten warten unter anderem Rapsöl, Grillwurst und verschiedene Getränke.

❻ Gaumenfreuden handgemacht
Hasselholzstaße 24
24888 Steinfeld
T 0173 9991749
gaumenfreuden-handgemacht.de

Marmeladen, Chutneys, Balsame, Rumkugeln und andere Spezialitäten fertigt Rosea Kohlhagen mit regionalen Zutaten in bester Qualität. Nach Absprache können die Leckereien direkt in der kleinen Manufaktur ❻ eingekauft und im Sommer Kaffee und Kuchen im Garten verzehrt werden.

32 | *Brodersby-Goltoft*
Die Innere Schlei

Der Landesentwicklungsplan Schleswig-Holsteins stuft Brodersby-Goltoft als dünnbesiedeltes, abgelegenes Gebiet ein. Hauptsächlich durch Landwirtschaft und Weidehaltung geprägt, lädt die hügelige Landschaft so richtig zum Spazieren ein; auf dem Wiesenpfad, dem Kirchsteig, auf der Strandrunde, der Noorrunde und natürlich dem Schlei-Feldweg. Denn die Schlei spielt in Brodersby-Goltoft die Hauptrolle. Vielmehr viele verschiedene Hauptrollen. Sie gleicht so weit im Landesinneren mal einem munteren Fluss, mal einem stillen See und manchmal, wenn sie so richtig aufgebracht ist, dem Meer.

Morgennebel am Naturcampingplatz Hellör. An stillen Spätsommertagen gleicht die Schlei einem verträumten Spiegelsee.

Die Schleibadestelle Brodersby Burg punktet mit langem Sandstrand und flachem Einstieg ins Wasser. Der Blick geht weit auf die Große Breite.

Zehn Kilometer Schleiufer darf die Gemeinde für sich beanspruchen und den besten Ausblick auf Kieholm, auch die Liebesinsel genannt. Um das 0,5 Hektar große Eiland rankt sich die düstere Legende vom Mord am dänischen König Erich Plogpennig. Sein Leichnam soll mit Ketten beschwert in der Schlei versenkt worden sein. Doch das ist das einzig Dunkle zwischen dem malerischen Dorf Goltoft und dem terrassierten Naturcampingplatz Hellör; beides echte Top-Tipps für nachhaltige Auszeiten.
Bekannter als die namensgebenden Gemeindeteile Brodersby und Goltoft ist der Ortsteil Missunde. Hier verengt sich die Schlei zu ihrer schmalsten Stelle. Nur 135 Meter trennt das Fährhaus in Angeln von dem in Schwansen. Da könnte man locker rüber schwimmen. Muss man aber nicht. Denn es gibt ja die Fähre, die von einem Ufer zum anderen pendelt. Das lohnt sich (siehe Kapitel 37). Besonders zu Fuß. In einer Blechkiste sitzend kann die Wartezeit schon mal lang werden. So lang wie die Schlange die Missunder Fährstraße hinauf, in die sich Autos während der Ferienzeiten häufig einreihen müssen. Wer würde da die Zeit nicht lieber nutzen, um ein Fischbrötchen von der Fischbude zu verspeisen und dann gestärkt über Margarethenwall und Strandweg nach Klein Westerland zu laufen. Mit 250 Metern Länge kann der Schleistrand es nicht ganz mit dem Sylter Pendant aufnehmen. Doch beim Weitblick über die Große Breite kommen im Ortsteil Burg fast schon Fehmarnsche Gefühle auf.

❶ Touristinfo im Markt-Treff
Schleidörfer Straße 11
248864 Brodersby-Goltoft
T 04622 808
brodersby-goltoft.de

❷ Schlei erleben
Teichstraße 2
24864 Brodersby-Goltoft
schlei-erleben.de

Vom Fährhaus Missunde in Angeln pendelt eine kleine Fähre zum Fährhaus von Missunde in Schwansen. Fußgänger sind für einen Euro mit von der Partie.

INFO

Brodersby-Goltoft liegt am zentralen Teil der Schlei, etwa 15 Kilometer von Schleswig und Welten von den ostseenahen Touristenhochburgen entfernt. Im Ortsteil Missunde pendelt eine Fähre nach Schwansen. Dort sitzt auch die kleine Touristinfo ❶ ❷.

Anreise

Die Bahnhöfe Schleswig und Süderbrarup liegen etwa gleich weit von Brodersby-Goltoft entfernt. Der Bus ist von Süderbrarup schneller. Die Radtour von Schleswig schöner.

Unterkommen

Wenn der Deutsche Camping Club einen Platz als Naturcampingplatz benennt, bedeutet das eine landschaftlich besonders reizvolle Lage, Ruhe statt Remmidemmi, keine großen Straßen in der Nähe und auf Hellör ❸zudem Naturbadestellen, Brückenanlage fürs Boot, eine Fasssauna und eine Galloway-Herde, die alles in Schuss hält.

❸ Naturcampingplatz Hellör
Hellör 1
24864 Brodersby-Goltoft
T 04622 533
camping-helloer.de

Wind und Wellen lassen die kleine Insel Kieholm schrumpfen. Als die Fichten im Zweiten Weltkrieg gepflanzt wurden, standen sie noch 25 Meter vom Ufer entfernt.

❹ **NaturNah Hotel**
Dorfstraße 11
24864 Brodersby-Goltoft
T 0175 2043836
naturnah-hotel.de

De Rood. De Gröön. De Vigelt. Die Zirkuswagen in Goltoft sind wirklich Prachtexemplare. Aus natürlichen Baustoffen gefertigt und mit allem Pipapo ausgestattet gruppieren sie sich auf einer Wiese zum NaturNah Hotel ❹.

Erkunden & Erleben

Räder, SUP-Boards und sogar eine mobile Sauna, vor allem aber Kanus und Kajaks werden in Goltoft vermietet. Paddelnd lassen sich Schlei und die malerische Füsinger Au nämlich besonders intensiv erleben.

Warum allein wandern, wenn's auch mit Eseln geht?! ❺ Das entschleunigt nicht nur in Windeseile, sondern ist auch ungeheuer lehrreich. Achtsamkeit, Geduld, Ausgeglichenheit, Tapferkeit – kaum eine Tugend, die man sich von den charakterstarken Tieren nicht abgucken könnte.

Der Naturcampingplatz Hellör steht bei Bootsbesitzern hoch im Kurs. Wer kein's hat, findet unweit in Goltoft einen Kanuverleih für Törns auf der Schlei.

Einkehren & Einkaufen

Bio-Frühstück auf der Sonnenterrasse. Bio-Picknickkorb to go. Bio-Produkte im zuckersüßen Hoflädchen. Und Bio-Brötchen gibt's auch. Die aber nur auf Vorbestellung bei Leah's Snoopkram ❻.

Das Fährhaus Missunde mit seiner großen Terrasse zur Schlei ist seit mehr als 200 Jahren ein Ort, an dem man es sich gut gehen lässt.

⑧ **Fährhaus Missunde**
Missunder Fährstraße 33
24864 Brodersby
T 04622 626
faehrhaus-missunde.de

Homogenisiert und pasteurisiert, das kann man ja sein Leben lang lesen, ohne sich je zu fragen: Was bedeutet das eigentlich? Das kann man in Geel erfragen – obwohl es dort keine Rolle spielt. Denn hier bleiben noch alle Inhaltsstoffe in der Milch. Kunden der Milchtankstelle sind herzlich eingeladen, sich den modernen Milchbetrieb anzuschauen ⑦.

Wenn die Speisekarte so hochwertig daherkommt wie im Fährhaus Missunde in Brodersby ⑧, versteht es sich im Grunde von selbst, aber der guten Ordnung halber: die Küche zaubert mit frischen, saisonalen und regionalen Zutaten und der Blick auf die vegetarischen Kreationen lohnt sich. Der Schleiblick von der Terrasse nicht minder.

⑤ **Eselkoppel an der Schlei**
Koppelanlage
Strandweg
24864 Brodersby
T 04622 1587
eselkoppel.de

⑥ **Leah's Snoopkram**
Dorfstraße 10
24864 Brodersby-Goltoft
T 0175 2043836
leahs-snoopkram.de

⑦ **Hof Schmidt**
Geeler Weg 10
24864 Geel
T 04622-2098
hof-schmidt-geel.de

33 | *Winningmay*
Naturschutzgebiet Reesholm

Das Naturschutzgebiet auf Reesholm, der größten Halbinsel der Schlei, liegt zehn Kilometer östlich von Schleswig, also eine entspannte Radtour entfernt.

Die Badestelle Winningmay gilt als beliebter Spot für Surfer und Kiter. An windstillen Septembervormittagen allerdings platzt der kleine Sandstrand nicht gerade aus allen Nähten. Kein Auto auf dem gar recht großen Parkplatz. Nichts rührt sich in den fünf, sechs Sommerhäuschen. Am Picknickplatz pausiert eine Radfahrerin. Den prall gefüllten Satteltaschen nach ist sie auf großer Fahrt. Die Schwimmleine, die Badende von Surfern trennt, treibt träge im Wasser. Es ist sehr ruhig. Und sehr warm. Dann ein Rufen hoch oben am Himmel und der Flügelschlag von Vielen. Das sind Schwäne. Ein ganzer Schwarm. Die Radfahrerin hebt ihr Fernglas. Ein Anfängerfehler, keins dabei zu haben, wenn es nach Reesholm geht.

Die Halbinsel ist für etliche Vogelarten von übergroßer Bedeutung und darum weitgehend unter Schutz gestellt. Betreten darf man Reesholm nur auf einem einzigen Pfad, der zu einer Beobachtungsplattform führt. Vom Strand einige Schritte südlich spaziert, markiert eine Holzschranke den Eingang zum Naturschutzgebiet.

Das frühere Fährhaus an der Dreilingsfähre liegt für Radfahrende aus Schleswig auf dem Weg nach Reesholm. Alle anderen erreichen es über einen Pfad vom Strand aus.

Räder müssen draußen bleiben. Der Sand knirscht unter den Schuhen. Links und rechts steht das Schilf schulterhoch. Im Frühling sollen hier Schilfrohrsänger, Teichrohrsänger, Wasserralle, Blaukehlchen, Bartmeise, Rohrammer, Wiesenpieper, Schafstelze, Feldlerche, Neuntöter, Kiebitz, Flussregenpfeifer, Sandregenpfeifer, Austernfischer und Uferschwalbe brüten. Im Spätsommer machen sie sich ebenso rar wie Alpenstrandläufer, Sichelstrandläufer, Zwergstrandläufer, Bruchwasserläufer, Kampfläufer, Bekassine, Großer Brachvogel, Goldregenpfeifer, Knutt, Kranich, Graugans, Weißwangengans, Singschwan, Star, die während der Zugzeit hier rasten. Und es ist auch kein Odins-Hühnchen zu sehen, kein Temminckstrandläufer, kein Mongolenregenpfeifer und kein Seeadler. Nicht einmal die Robustrinder, die für optimale Lebensbedingungen sorgen, indem sie Rasen- und Besenginsterflächen kurz fressen.

Je weiter es auf die Halbinsel hinausgeht, desto mehr vereinigen sich Pfützen auf dem Pfad zu kleinen Seen. Dabei hat es seit langem

Blick von Reesholm auf die Badestelle bei Winnigmay. Ungeflügelte Zweibeiner dürfen die Halbinsel nur auf einem einzigen Pfad durch die Schilfmeere erkunden.

nicht geregnet. Reesholm liegt weitflächig nicht einmal einen halben Meter über dem Meeresspiegel. Das bedeutet Überflutung bei jedem Hochwasser. Und vielleicht ist es die Konzentration auf feste Stellen und Trittsteine, die zunächst ausblendet, was bald nicht mehr zu überhören ist: ein gewaltiges Geschnatter und Gepiepse und Geschrei von hunderten Vögeln in der Ferne. Es könnten auch Tausende sein. Mit einem Fernglas wären die Schwärme sicher gut zu erkennen. Ohne Sehhilfe bleibt nur, Reesholm zu fühlen. Und das ist auch ganz wunderbar.

INFO

Die Halbinsel Reesholm streckt sich östlich von Schleswig in die Schlei und trennt dabei die Große und die Kleine Breite. Das Naturschutzgebiet wird vom NABU betreut. Einfach über die Suchmaske schleswig-holstein.nabu.de ansteuern.

An-/Abreise

Bahn bis Schleswig. Weiter mit Buslinie 605 bis Füsing-Schaalby. Von dort noch etwa 3,5 km zu Fuß. Schneller und vor allem schöner ist die knapp 10 km lange Tour mit dem Rad.

34 | *Schleswig* Kulturhauptstadt

Wenn man mal alles richtig machen möchte, kann mit Schleswig nichts schiefgehen. Als Handelsmetropole der Wikinger, Bischofssitz und herzögliche Residenz ist die Stadt am Westende der Schlei reich an Geschichte(n) und Kulturschätzen. Im Spätsommer kann Schleswig drei Wochenenden lang sogar als Kulturhauptstadt Nordeuropas gelten.

Dann wird in und um die bunten Zelten auf den Königswiesen NORDEN gefeiert – the nordic arts festival – und zwar nachhaltig. Das familiäre Kultur-Happening aus Musik, Film, Literatur, Kunst, Kinderspaß und Party ist von der Planung bis zum Nachklapp umweltfreundlich aufgestellt. Das beginnt mit geretteten Lebensmitteln und reicht bis zur Versorgung mit erneuerbaren Energien, umfasst Inklusionsteams und -tage, Infostände zu grünen Themen und Vorträge von nachhaltiger Wirtschaft bis zu Meeresschutz. Mehr Infos unter norden-festival.com

Immer im Spätsommer wird ein Teil der Königswiesen zur Kulturzeltstadt Nordeuropas. Dann feiern Jung und Alt beim nachhaltigen Norden-Festival.

Blick von der Wikingerhochburg Haddeby auf den Bischofsitz Schleswig. Der Dombesuch inklusive Turmaufstieg gehört zum wunderbaren Pflichtprogramm.

INFO

Hinter der Idee, die Schlei als nachhaltige Urlaub-Destination zu entwickeln, steckt die lokale Touristinformation von Schleswig ❶. Grüne Tipps werden daher besonders gern gegeben.

Anreise

Mit dem Zug von allen größeren Bahnhöfen. Beim NORDEN-Festival mindert das Bahnticket den Eintritt um ein paar Euro.

Übernachtung und Einkehren

Menschenwürdige Arbeit für alle – das gehört zu den 17 Nachhaltigkeitszielen der Vereinten Nationen. Im ehemaligen Kreisbahnhof ❷ von Schleswig ist es längst verwirklicht. Hier arbeiten Menschen mit und ohne Handicap Hand in Hand und hochmotiviert zusammen – im Hotel und dem Restaurant Gleis 9.

Schloss Gottorf liegt auf einer Insel am Ende der Schlei. Der Besuch der Außenanlage mit viel Kunst im Park, Barockgarten und Tiergehege ist kostenfrei.

❶ Touristinformation Ostseefjord Schlei
Plessenstraße 7
24837 Schleswig
T 04621 850056
ostseefjordschlei.de

❷ Hotel Alter Kreisbahnhof
Königstraße 9
24837 Schleswig
T 0464 3020 0
hotel-alter-kreisbahnhof.de

Wer die Nachhaltigkeitsziele der Ostseefjord Schlei Touristinfo zu seinen eigenen macht, darf sich Nachhaltigkeitspartner nennen. So auch das Hotel und Restaurant am „Kap der Freiheit“. Die Zimmer im hochwertigen Scandi-Style machen ebenso glücklich wie die kreative Küche in Traumlage.

Erkunden & Erleben

Auf der Museumsinsel im westlichsten Ausläufer der Schlei strahlt das prächtigste Schloss Schleswig-Holsteins ❸ so hell, dass man einen ganzen Kurztrip lang getrost dort verbringen könnte – etwa auf einem Schlossrundgang im Landesmuseum für Kunst und Kulturgeschichte, bei den Moorleichen im Archäologischen Museum, im kostenfrei zugänglichen Schlosspark mit großartiger Bildhauerkunst oder dem rekonstruierten Barockgarten, dessen Globushaus als erstes Planetarium der Welt gilt.

Ein Meisterwerk des Bildschnitzers Hans Brüggemann, der Bordesholmer Altar, wurde 1666 per Pferdewagen von Bordesholm in den Schleswiger Dom transportiert.

Der St. Petri-Dom ❹ ist das Wahrzeichen der Stadt. Erwähnt wurde er zum ersten Mal 1134. Einen Turm besitzt er aber erst seit 1894. Es gilt aus architektonischer Sicht als etwas zu hoch geraten. Für den Ausblick ist das natürlich prima. Also rauf da. Bedeutendstes Kunstwerk im Dom ist der „Bordesholmer Altar“, der 1521 von Hans Brüggemann vollendet wurde. Auf einer Höhe von 12, 6 Metern zeigt er eindrucksvolle Szenen aus der Passionsgeschichte Christi.

❸ **Museumsinsel Schloss Gottorf**
Schlossinsel 1
24837 Schleswig
T 04621 813 222
schloss-gottorf.de

❹ **St. Petri-Dom**
Norderdom-
straße 4
24837 Schleswig
T 04621 813 222
mein-schleswiger-
dom.de

❺ **Schlei-Markt**
Stadtfeld
24837 Schleswig
schlei-markt.de

Vom Turm des Doms wirkt die historische Fischersiedlung Holm winzig klein. Und das ist sie auch. Malerisch ist gar kein Ausdruck für die liebevoll gepflegten Fischerhäuschen, die sich rund um einen Kirchhof mit Kapelle gruppieren.
Nur einige Schritte entfernt befindet sich Schleswig-Holsteins best erhaltender Klosterkomplex. Die Anlage des St. Johannis Klosters ist frei zugänglich. Im stillen Bibelgarten mit Skulpturenpark komponierte Carl Gottlieb Bellmann die schönste aller Hymnen: Schleswig-Holstein meerumschlungen.

Einkaufen & Einkehren

Große Auswahl, kleine Wege. Die Marktbeschicker auf dem Schleswiger Wochenmarkt ❺ kommen zumeist aus der Region. Manche der klein- und mittelständischen Familienbetriebe aus Handel, Landwirtschaft und Handwerk sind schon seit 100 Jahren dabei. Immer sonnabends von 07.00 – 13.00 Uhr.

Der Friedhof mit Kapelle ist der Mittelpunkt der Fischersiedlung Holm. Früher war es ein königliches Privileg in der Schlei zu fischen. Heute ist es kaum mehr einträglich.

Trifft man in den Naturschutzgebieten an Schlei und Flensburger Förde auf Landschaftspfleger, kommen sie mit großer Wahrscheinlichkeit aus Schleswig. Die genossenschaftlich organisierte Rinderhaltung des Vereins Bunde Wischen (plattdütsch für Bunte Wiesen) steht schon seit den 1980er Jahren für artgerechte Weidehaltung ❻.

Wissen, wo's herkommt, verspricht die Subline im apfelgrünen Holzhäuschen in der Altstadt ❼. Es meint zumeist: direkt vom Erzeuger. Und sehr oft auch: von unserem eigenen Obsthof in Rieseboer. Dort wachsen die Früchte für Apfel-Secco, Apfel-Essig, Apfel-Gelee und Apfelsaft.

Auf der Suche nach einem schönen Mitbringsel? Dann ab in den Trainingsladen der Schleswiger Werkstätten. Giftbude ❽ heißt er, in Anspielung auf die Inselkneipe von Schleimünde (Kapitel 22), der zweiten Verkaufstelle für die handgefertigten Upcycling-Produkte.

❻ Hofladen Königswill
Königswiller Weg 13
24837 Schleswig
bundewischen.de

❼ Genusswerke Henes
Lollfuß 64
24837 Schleswig
genusswerke-henes.de

❽ Giftbude Schleswig
Stadtweg 86
24837 Schleswig
schleswiger-werkstaetten.de
T 04621 30157611

35 | *Haithabu und Danewerk* Welterbe to go

Für Kinder wird die Welt der Wikinger lebendig, wenn Männer mit langen Bärten in den lehmverputzten Flechtwerkhütten altes Handwerk vorführen. Für Erwachsene funktioniert eine Wanderung außerhalb der Öffnungszeiten des Wikinger Museums vielleicht noch besser. Ideal wäre es früh morgens, wenn die Luft nach Herbst riecht und feiner Nebeldunst das Haddebyer Noor weichzeichnet. Dann kann sie vor dem inneren Auge auferstehen – die legendäre Handelsmetropole, mit der es um das Jahr 800 keine andere in Nordeuropa aufnehmen konnte.

Die ausgezeichnete Dauerausstellung im Wikinger Museum Haithabu räumt mit so manchem Vorurteil über die Nordmänner und -frauen auf, die viel mehr waren als Seekrieger.

„Haithabu ist eine sehr große Stadt am äußersten Ende des Weltmeeres“, schrieb der arabische Chronist Ibrahim ibn Ahmed At-Tartûschi 965 in einem Reisebericht. Heute ist das Gebiet nicht nur von der UNESCO geadelt, sondern auch unter Naturschutz gestellt. Ein Halbkreiswall umschließt das alte Gräberfeld. Am Noor bilden rekonstruierte Wikingerhäuser einen kleinen Hafen. Dem ausgeschilderten Wanderpfad folgend, ist bald der große Sigtrygg-stein erreicht. Die Runen aus dem 10. Jahrhundert erzählen von dem gefallenen König. Das Wort „Rune“ ist etymologisch mit „raunen“ verwandt. Es bedeutet Geheimnis. Und es werden so einige Geheimnisse der Wikinger auf der etwa zehn Kilometer langen Runde um das Haddebyer Noor gelüftet – viele weitere beim anschließenden Museumsbesuch ❶. Andere bleiben im Dunkeln. Aber das ist es ja gerade, was den Mythos ausmacht.

Ist das Wetter zu prächtig für den Museumsbesuch, führt auch eine zehn Kilometer lange Wanderung um das Noor in legendäre Vergangenheit.

❶ **Wikinger Museum Haithabu**
Haddebyer Chaussee
B76
24866 Busdorf
T 04621 813122
haithabu.de

Naturschutzgebiet und Welterbe zugleich: mit der Wallanlage Danewerk riegelte der Stamm der Danen schon im 5. Jahrhundert die Südgrenze Jütlands ab.

❷ **Danevirke Museum**
Hauptstraße 0
24867 Dannewerk
T 04621 378114
danevirke
museum.de

INFO

Haithabu liegt in Haddeby, einem Ortsteil der Gemeinde Busdorf, direkt gegenüber von Schleswig. Seit 2018 gehört der Archäologische Grenzkomplex Haithabu und das Danewerk zum Unesco-Weltkulturerbe. Mindestens einen, besser noch zwei Tage, sollte man sich für den Besuch beider Welterbestätten nehmen.

An-/Abreise

Bahn bis Schleswig. Haithabu liegt 2,5 km entfernt vom Bahnhof. Zum Danewerk sind es 5 km. Die Buslinie 670 schafft die Strecke in zehn Minuten.

Erkunden & Erleben

Die Daueraustellung mit Originalfunden, hauseigenem Kino und wechselnden Sonderveranstaltungen ist im Sommer täglich geöffnet. Während der Wintermonate nicht am Montag. Dann sind auch Wikingerhäuser und Freigelände geschlossen.

Das Danewerk ❷ ist eine gut 30 km lange Wallanlage; das größte archäologische Bodendenkmal Nordeuropas. Bereits im 5. oder 6. Jahrhundert sicherte es zur Wikingerzeit die Handelswege nach Haithabu ab. Der Wall kann als Wander- oder Radweg genutzt werden.

Einkehr & Einkaufen

Handgemachtes aus Backstube und Räucherofen im integrierten Hofladen; Feinheimisches Küchenhandwerk in der Gaststube oder auf der Gartenterrasse am Schleiufer. Nicht nur Haithabu lockt Gäste nach Haddeby, sondern auch das Odins Haithabu ❸.

Es darf mit den Händen gegessen werden (muss aber nicht). Met wird im Horn gereicht (gibt's aber auch im Glas). Am urigsten wird ein Gelage an den langen Tafeln im Winter, wenn das Feuer knistert und Wikingerspeisen ❹ feinheimisch interpretiert werden.

❸ **Odins Haithabu**
Haddebyer Chaussee 13
24866 Busdorf
T 04621 850500
odins-haithabu.de

❹ **Die Wikingerschänke**
Am Margarethenwall
24866 Busdorf
T 04621 32190
wikingerschaenke.de

Auf Runensteinen ritzen Wikinger die Geschichte(n) und Geheimnisse der bedeutenden Handelsmetropole an den Ausläufern der Schlei.

36 | *Borgwedel*
An der Alten Ziegelei

Am Ende der Chaussee, ein wenig ab vom Schuss und unter dem Radar der Massen, schmiegt sich die kleine Gemeinde Borgwedel ans Südufer der Schlei.

In so gut wie jedem Ort im heutigen Kreis Schleswig-Flensburg, ja eigentlich sogar an jeder Milchkanne, findet man eine Ziegeleistraße. Mit beträchtlichen Tonvorkommen und den Förden als Transportweg vor der Tür war die Lage für Brennereien perfekt. Bis in die 1950er Jahre gingen wöchentlich Millionen Ziegel aus Angeln und Schwansen in alle Welt. Und das, was nicht so gut geriet, sogenannte Fehlbrände, wurde ins Wasser gekippt. Deshalb stolpert man am Schleiufer auch ständig über zerbrochene Ziegel. In höchster Konzentration dort, wo sie einst hergestellt wurden. Während andernorts nicht mehr viel an die alten Betriebe erinnert, haben die Borgwedeler ihre Kulturgeschichte sehr spannend aufbereitet. In erster Linie dient das ehemalige Ziegeleigelände aber als Naturerlebnisraum. Mehr als fünfzig Jahre wurde die Industriebrache weitgehend sich selbst überlassen. So hat sie sich in einen

Bei Borgwedel weitet sich die Schlei zur Großen Breite auf mehr als vier Kilometer. Im Naturerlebnisraum Alte Ziegelei finden sich viele schöne Picknickplätze.

Urwald verwandelt, in den nur punktuell und behutsam eingegriffen wird. Etwa um eine Streuobstwiese anzulegen, Fledermaushotels einzurichten oder einen Picknickplatz am Wasser. Dort ist ausnahmsweise nicht das gegenüberliegende Schleiufer zu sehen. Borgwedel liegt am Westufer einer Bucht, der Goßen Breite, und so schaut man auf deren Ostufer bei Weseby (siehe Kapitel 37).

Wer die ausgedehnte Runde auf dem mit Objekttafeln bestückten Infopfad dreht, bekommt das Angeliter Ufer doch noch zu sehen. Ausnahmsweise ist das Gras auf der anderen Seite aber nicht grüner. Denn diesseits breitet sich die Klimaschutz-Lagune aus. In enger Zusammenarbeit haben Stiftung Naturschutz und regionale Akteure der Modellregion Schlei eine Wasserlandschaft geschaffen, die sich mit jedem Tag zu etwas noch Wunderbarerem entwickelt. So wie man exakt vorhersagen kann, welche Eingriffe der Umwelt in welchem Maß schaden, weiß man auch recht genau, was Schutzmaßnahmen erreichen können.

Die Entwicklung der Lagune ist gleich auf zweifache Weise ermutigend. Zum einen funktioniert sie als Kohlenstoffsenke; also als Ökosystem, das mehr Treibhausgase aufnimmt als es abgibt. Zum anderen als Lebensraum für Kiebitz, Neuntöter, Sandregenpfeifer, Zwergtaucher, Schafstelze und andere gefährdete Vogelarten.

In der Klima-Lagune hat die Schlei auf 18 Hektar ihre natürliche Anmut zurückerhalten. Die Idee zur Wiedervernässung kam direkt aus der Geltinger Birk.

INFO

An-/Abreise

Bahn bis Schleswig. Weiter mit Buslinie 695 bis Borgwedel Dorf in 20 Minuten. Mit dem Rad in einer halben Stunde.

Einkehren & Einkaufen

Fair gehandelt, lokal geröstet - im Café auf der Straußenfarm ❶ legt sich das Team ins Zeug, um den allerbesten Kaffee an der Schlei zu servieren. Bei schönem Wetter auf der Picknickwiese, bei nicht so schönem in der gemütlichen Bibliothek; gern mit schwedischem Konfekt.

❶ **Big Bird Café**
Bundesstraße 7
24857 Fahrdorf
big-bird.de

❷ **Hof Bullerby**
Winterrade 1
24857 Borgwedel
T 04354 9967699
borgwedel.honigfahrrad.de

❸ **Hotel & Restaurant Schlei Liesel**
Dorfstraße 2
24357 Güby
T 04354 99770
hotel-schlei.de

Handgeschleudert, handgerührt – der Honig im Honigkasten am Haus wurde von glücklichen Bienen auf einer Streuobstwiese in der Nähe der Schlei gesammelt und wird auf Wunsch auch klimaneutral vom Hof Bullerby ❷ in die Nachbarschaft geliefert.

Nachhaltigkeitspartner, FEINHEIMISCH Mitglied, mit Green Table Siegel ausgestattet, Unterstützer von Slow Food Deutschland und dem „Nose to Tail"-Konzept verpflichtet; da schmecken norddeutsche Klassiker in der Schlei Liesel ❸ gleich noch einmal so gut.

37 | *Missunde*
Radwandern in Schwansen

Die Landschaft Schwansen erstreckt sich zwischen Schlei und Ostsee. Die Landgrenze befindet sich zur Meerseite in Eckernförde. Wie sie sich dann exakt weiterzieht, ist unklar. Etwa bei Missunde aber, da sind sich alle Quellen einig, trifft sie auf die Schlei. Gemeint ist das Missunde, das zur Gemeinde Kosel gehört – und nicht das Missunde direkt gegenüber, welches in der Gemeinde Brodersby liegt. Das Brodersby in Angeln versteht sich; nicht zu verwechseln mit Schwansener Brodersby. Bis dahin wären es noch einige Kilometer. Kein Wunder, dass da Suchmaschinen und Navis die Orientierung verlieren.

Die etlichen Namensdoppelungen in der Region sind nicht der einzige Grund, warum es in Schwansen ratsam ist, auf Fahrrad und Landkarte zu setzen. Überließe man die Streckenführung dem Navigationsgerät, würde man die Halbinsel in einer guten halben Stunde abratzen und hätte rein gar nichts gesehen, als die

Die Gemeinde Missunde liegt beidseitig an der engsten Stelle der Schlei. Die kleine Fähre muss nur 130 Meter von einem Fährhaus zum anderen überbrücken.

Weitgehend unverbaut und vielfach unerschlossen bleibt die Innere Schlei – wie hier bei Missunde – Autofahrenden zumeist verborgen. Nach dem Segelboot ist das Rad das beste Fortbewegungsmittel.

Schwansenstraße zwischen Eckernförde und Kappeln. Das aber wäre ein Jammer, denn von der vielbefahrenen Bundesstraße aus gleicht die Gegend einer nicht besonders spektakulären Ebene, bestehend aus Feldern, Feldern und Feldern. Dabei ist Schwansen ein extrem vielfältiger Landstrich und vielerorts geradezu speziell. Zwischen den sanften Ufern der Schlei und den wilden Ostseestränden finden sich weit mehr alte, adelige Güter als Hotels, mehr Campingplätze als Seebäder und jede Menge winzige Dörfer. Von Dörfern zu Stränden zu Gütern schwingen sich schmale Straßen und Wege durch die hügelige Endmoränenlandschaften, gerade in dem leichten Auf und Ab, das mit dem Rad mehr Vergnügen als Anstrengung bedeutet.

Früher oder später führen fast alle Wege in Schwansen ans Wasser. Als Faustregel gilt: Falls es dort überhaupt weitergeht, dann am schönsten zu Fuß. So ist es auch in Missunde. Auf einer Rad-Wan-

❶ **Mühle Anna**
Möhlnbarg 5
24354 Rieseby
T 0176 26342968
muehle-anna.de

❷ **Bio-Hofladen Schoolbeck**
Schoolbek 5,
24354 Kosel
T 04354 457
hofschoolbek.de

❸ **Fleischerei Holst**
Dorfstraße 10
24354 Rieseby
T 04355 204
fleischerei-holst.de

derkarte am kleinen Strand links der Fähre empfiehlt die Gemeinde zehn Touren unterschiedlicher Länge. Sechs davon sind mit dem Rad nicht zu machen. Wer sich für die Runde über den hohen Wald, den Strand von Weseby und durch das idyllische Dorf Kosel entscheidet, ist bei der Rückkehr regelrecht bezaubert. Zudem ist die Route 9 mit 7 Kilometer Länge gerade lang genug, um die Muskeln zu lockern, bevor es auf dem Rad weitergeht.

INFO

Missunde liegt beidseitig an der engsten Stelle der Schlei. Falls man rüber möchte (siehe Kapitel 32) und die kleine Fähre gerade am anderen Ufer liegt, einfach die Glocke läuten.

An-/Abreise

Bahn bis Rieseby. Weiter mit dem Rad auf dem Wikinger-Friesen-Weg (siehe Kapitel 25); knapp 9 km bis Missunde.

Weseby, früher ein Fischerdorf, ist seit frühester Zeit besiedelt. Speerspitzen von Rentierjägern aus der Weichseleiszeit (10.000 v. Chr.) werden hier noch immer an der Großen Breite gefunden.

Erkunden & Erleben

Kurz hinter der Ortsausfahrt Rieseby dreht die schöne Anna ❶ ihre Flügel. Die Galerie-Holländermühle beherbergt ein Heimatmuseum. Ab März laden Mühle, alte Sägerei, Atelier im Mühlenhaus und Außenanlagen ein, die Geschichte Schwansens zu erkunden. Die Saison endet mit dem Weihnachtsfest.

Einkehren & Einkaufen

Bio-Vollsortiment, darunter viel Obst, Kräuter und Gemüse aus eigenem Anbau, Wolle, Naturmode und eine Blumenwiese zum Selberpflücken im Bio-Hofladen Schoolbeck ❷.

Seit weit über einhundert Jahren befindet sich die Riesebyer Fleischerei in Familienbesitz. Einige der traditionellen Mittagstischgerichte, etwa Labskaus oder Schwarzsauer, können als Mutprobe durchgehen. Das Bio-Angebot kann sich sehen lassen. Die Wildspezialitäten stammen aus der Region ❸.

38 | *Gut Stubbe*
Erntedank

Obsthof Stubbe
Lindaunisbrücke 1a
24354 Rieseby
T 04355 1458

Vom Bahnhof Rieseby führt ein Rundwanderweg durch die Felder nach Stubbe. Sechs Kilometer lang hat er eben die richtige Länge, um die Vorfreude auf das Mittagessen im Bistro des Obsthofes voll auszukosten. Dort steht exakt eine Mahlzeit auf dem täglich wechselnden Speisezettel. Ehrensache, dass er sich nach dem saisonalen Gemüseangebot der Region richtet. Denn das haben Obst und Gemüse gemeinsam: sie schmecken am besten reif und frisch. Unter Selbstpflückern ist Stubbe ein Klassiker. Malerisch an der Lindaunisbrücke gelegen (siehe Kapitel 30) erntet man hier mit Schleiblick. Die Saison ist glücklicherweise lang. Sie startet mit Erdbeeren und Stachelbeeren im Juni. Im Juli folgen Kirschen, Himbeeren und Johannisbeeren. Der August steuert erste Äpfel, Zwetschen und Birnen bei. Brombeeren reifen im September. Quitten im Oktober. Nach dem ersten Frost kann man am Wegrand weitergucken. Vielleicht findet man ja Schlehen auf dem Rückweg nach Rieseby am Schleiufer entlang.

Auf dem Obsthof Stubbe, gleich bei der Lindaunisbrücke wachsen die Erdbeeren bis ans Wasser. In die Plantagen werden Selbstpflücker mit Traktorwagen kutschiert.

Der Wanderweg von Rieseby zum Obsthof führt an der Schlei entlang, über geschwungene Felder und mitten durch das Gut Stubbe mit dem malerischen Torhaus.

39 | *Sieseby*
Ode an das Kleine

Was Arnis für Angeln, ist Sieseby für Schwansen – das Vorzeige-Idyll, das Süßeste von allen, das Prachtexemplar. Wobei sich Arnis Stadt nennen darf (siehe Kapitel 27) und Sieseby ein Dorf ist. Ein winziges Dorf. Deshalb fällt auch der Parkplatz an der Dorfstraße kleiner aus. Er wurde eingerichtet, als noch keine Wohnmobile in Einfamilienhausgröße unterwegs waren. Rollt eines der monströsen Gefährte – trotz eindringlicher Bitte und Verbots-

Mit weiß getünchten Reetdachkaten im Gepräge des 19. Jahrhunderts, einer Kirche und zwei Gasthöfen gilt Sieseby als Süßeste unter den Schleidörferschönheiten.

schildern – über die einzige Straße runter an die Schlei, ist das nicht nur ein Ärgernis für die Dorfbewohner, sondern auch ein Jammer für die Gäste. Schon ein SUV zu viel kann den Zauber brechen, der den Ort umfängt. Mit weißverputzten Reetdachkaten, Fachwerkhäuschen und liebevoll gepflegten Gärten wirkt Sieseby wie ein nach England versetztes dänisches Dorf. An vielen Katen prangen die schmiedeeisernen Buchstaben GAS, als hätte

ein Künstler seine Initialen hinterlassen. Und ähnlich ist das auch zu sehen. Unglücklicherweise kam der Ruhm für Gustav Anton Schäffer jedoch posthum. Der Hamburger Kaufmann erwarb Mitte des 19. Jahrhunderts das benachbarte Gut Bienebek und investierte beträchtliche Summen in die Modernisierung. Unter anderem ließ er die Hütten der Tagelöhner in den heutigen Stand setzen. Er verspekulierte sich allerdings über die Jahrzehnte und musste am Ende alles, was er hatte, versilbern. Ausgerechnet als die Preise für Grund und Boden im Keller waren. Das Gut und ganz Sieseby gingen in den Besitz der Herzogsfamilie von Schleswig-Holstein-Sønderburg-Glücksburg über und gehören heute zum Herzoglichen Glückburgischen Güterfideikomiss. Schäffer starb völlig verarmt in Berlin. Sieseby wurde im Jahr 2000 zum ersten Flächendenkmal Schleswig-Holsteins geadelt.

INFO

Sieseby ist ein Ortsteil von Thumby und liegt im Westen von Schwansen, direkt an der Schlei.

In den Sommermonaten blüht es üppig in den Siesebyer Gärten. Das gesamte Dorf steht als erstes Flächendenkmal Schleswig-Holsteins unter Schutz.

Die Kirche ist das älteste Gebäude von Sieseby. Im Kern wurde sie vermutlich bereits im 12. Jahrhundert errichtet. Der romantische Kirchhof ist unbedingt den Besuch wert.

An-/Abreise

Mit der Bahn bis Rieseby. Weiter mit Buslinie 713 bis Sieseby Wendeplatz – Thumby in gut zehn Minuten.
Mit dem Ausflugsdampfer *Nordlicht* von Kappeln, zurück dann zu Fuß. Mit 13 km ergibt die Tour einen entspannten Tagesausflug. Räder dürfen auf dem Raddampfer *Schlei Princess* mit an Bord. Abfahrtszeiten unter schleiraddampfer.de

Erkunden & Erleben

Das älteste Gebäude von Sieseby ist die Feldsteinkirche aus dem 12. Jahrhundert. Auf dem verträumten Kirchhof startet ein kleiner Pilgerweg. Er führt über sechs Stationen rund um das Gemäuer über eine schöne Lindenallee bis zu einer Bank am Schleiufer.

Einkehren

Als erstes Haus am Platz empfängt der Gasthof Alt Sieseby ❶ von 1867 seine Gäste direkt am Dorfeingang. Auf der gehobenen Abendkarte steht neben irischen Austern & Co. stets das Beste, was die Region zu bieten hat. Das kann auf der Terrasse auch mal die Currywurst oder der Pannfisch sein.

Noch eine Gemeinsamkeit mit Arnis: hinter dem Schliehuus 54 steckt das Team der Arnisser Strandhalle 54. Die Abendkarte war dem BIB Gourmand vom Fleck weg eine Auszeichnung wert ❷.

❶ Gasthof Alt Sieseby
Dorfstraße 24
24351 Thumby
T 04352 9569933
gasthof-alt-sieseby.de

❷ Schliehuus 54
Dorfstraße 19
24351 Thumby
T 04352 954 8176
sh54.de

40 | *Gut Bienebek*
Schleispaziergang

Der ufernahe Rad- und Wanderweg von Sieseby zum Gut Bienebek war für Tagelöhner sicher oft beschwerlich. Als Ausflugsvergnügen ist er unschlagbar schön.

Manche Arbeitswege sind einfach besser als andere. Etwa der gut 2,5 Kilometer lange ufernahe Spazierweg von Sieseby zum Gut Bienebek. Jedenfalls solange man ihn zum Vergnügen beschreitet und nicht als Tagelöhner im Morgengrauen oder bei Schnee und Regen. Der Wind kann hier ganz schön über die Schlei pfeifen. Zum Meer sind es zwar noch gut 20 Kilometer, aber es liegt doch schon eine leise Ostsee-Ahnung in der Luft. Mal ist die Schlei hinter ausgedehnten Schilfgürteln kaum zu erkennen, mal zieht

Gut Bienebek kann nicht besichtigt werden. Das Herrenhaus und die eindrucksvollen Wirtschaftsgebäude sind aber vom Wanderweg einsehbar.

sich ein sandiger Pfad an einen kleinen Strand, mal rauscht der Wind in den hohen Bäumen, mal klatschen Wellen an Steine, mal wartet auf einer Anhöhe eine kleine Bank mit Weitblick. Den braucht man auch für Gut Bienebek. Das über 300 Jahre alte, denkmalgeschützte Anwesen kann man nur aus der Entfernung bewundern. Doch das macht nichts. Denn hier gilt mal wirklich: Der Weg ist das Ziel.

41 | *Thumby*
Naturerlebnis

Naturerlebnishof Helle e.V.
Helle 2
24351 Thumby
T 04352 911 677
naturerlebnishof-helle.de

Thumby besteht aus fünf Gütern und dreißig Ortsteilen. Sie zählen zumeist nur eine Handvoll Häuser, manchmal sogar bloß einen einzigen landwirtschaftlichen Betrieb. Auszeiten auf dem Bauernhof kann man in der Gegend also ganz hervorragend verbringen. Etwa in einer Sackgasse am Ende der Welt, umgeben von Feldern und Knicks. Dort gibt es nichts, was Kindern gefährlich werden könnte, dafür aber jede Menge Tiere. Der Naturerlebnishof Helle ist nach den Prinzipien der Permakultur angelegt und als Bildungsort für Nachhaltigkeit zertifiziert. Gruppen schlafen im Permakulturhaus, Familien freuen sich über Ferienwohnungen, Ruhesuchende auf das Tiny House jenseits von jedem, Abenteurer wählen Baumbett oder Schäferwagen in der Holunderplantage. Tagesgäste buchen eine Hofführung oder schauen im Apfelhaus vorbei. Der kleine Hofladen hat 24/7 geöffnet. Tee und Kaffee darf man sich dort selbst zubereiten.

Auf dem versteckt gelegenen Naturerlebnishof Helle dürfen Hühner frei und glücklich sein und Kinder Esel füttern und pflegen – was aufs Gleiche hinauskommt.

42 | *Winnemark*
Alle Optimisten an Bord

Winnemark ist klein genug, um jedem Trampelpfad ans Wasser zu folgen. Dort erreicht man mal einen Bootssteg, mal einen kleinen Strand oder auch eine Bank mit Schleiblick.

By ist das dänische Wort für Dorf. Sommerby besteht jedoch nur aus einem alten Haus. Es liegt abgelegen auf einer Halbinsel in der Schlei, ohne W-LAN, ohne Spülmaschine und wer ein Ei zum Frühstück will, muss warten, bis die Hühner eines gelegt haben. Alles könnte sehr idyllisch sein, wäre da nicht der fiese Immobilienspekulant...

So eine Geschichte kann nur von Kirsten Boie kommen. Mit ihrem speziellen Mix aus Astrid Lindgren Romantik und knallharter Realität stürmt die Kinderbuchautorin seit Jahrzehnten wie selbstverständlich die Bestsellerlisten. Und es geht das Gerücht, dass sie den zündenden Funken für die beliebte Sommerby-Reihe in Winnemark fand. Vielleicht auch gegenüber in Arnis (siehe Kapitel 27), denn von dort hat man den besten Blick auf die Schwonsburg, die für Sommerby vermutlich Patin stand.

Von der abgegangenen Burg zwischen dem eigentlich Dorf Winnemark und dem Ortsteil Sundsacker ist nichts geblieben. Doch einst gehörte sie Erich von Pommern, König von Dänemark, Norwegen und Schweden. Heute steht auf der Halbinsel ein Wohnhaus, gut geschützt von Hecken und hohen Bäumen vor neugierigen Blicken, etwa denen fieser Immobilienspekulanten. Denn der Marktwert alter, abgelegener Häuser an der Schlei ist beträchtlich und die Angst vor dem Ausverkauf der Region ist nicht unbegründet.

Umso schöner, dass Sundsacker größtenteils denjenigen vorbehalten ist, die sich mit Wichtigerem als Gewinnmaximierung beschäftigen. Im St. Nikolaiheim leben Menschen mit Betreuungsbedarf, darunter viele Kinder und Jugendliche. Das Filetgrundstück gleich am Fähranleger wird vom Event Nature-Team bespielt. Erlebnispädagogik und Naturschulprojekte stehen im Vordergrund. Wer etwas gegen Kinderlachen hat, sollte hier lieber nicht

Arnis aus dem Kajak gesehen: eine Tour von Sundsacker über Kappeln und Maasholm nach Schleimünde gehört zu den schönsten Abenteuern an der Schlei.

seine Zeit verbringen. Die anderen können in entspannter Atmosphäre urlauben, Kanus, Kajaks und SUP-Boards leihen oder auch einen Kutter steuern lernen. Frühzeitige Reservierung ist keine schlechte Idee. Die Kurse sind immer schnell ausgebucht – besonders für Optimisten.

INFO

Sundsacker liegt direkt gegenüber von Arnis. Dorthin pendelt eine Fähre, wenn das Wetter es zulässt. Bei Hochwasser wird der Betrieb eingestellt.

An-/Abreise

Radfahrer steigen in Rieseby aus dem Zug und radeln dann rund 15 km. Für Fußgänger geht es vom Bahnhof Eckernförde mit der Buslinie 710 in knapp 40 Minuten nach Karby Südhang.

Erkunden & Erleben

Tagsüber auf der Schlei paddeln, nachts den Sternenhimmel vorm Camping-Zelt betrachten. Unbezahlbare Momente kosten nicht die Welt: Event Nature ❶.

Einkaufen

Honig vom Imker um die Ecke, Saft aus der Süßmosterei in Boren, Milch von der Milchtankstelle und einen Klönschnack gratis dazu; der kleine Bauernmarkt ❷ liegt streng genommen schon in Kappeln, aber auf Schwansener Seite. In den Ortsteil Kopperby-Heide gelangt man vom Anleger über Marienthal nach rund zwei Kilometern.

Nur einige Schritte weiter dürfen sich die Milchschafe auf alten Dauerweiden an duftenden Kräutern und zarten Gräsern satt essen. Das schmeckt man auf Hof Ahmen ❸ auch am Käse.

Ein echter Landgasthof, geführt in sechster Generation. Klar, dass die Rezepte ebenso erprobt sind wie die Beziehungen zu Fischern und Landwirten aus der Nachbarschaft. Hier wurde schon regional und saisonal gekocht, als bio noch gar kein Begriff war. Nicht umsonst kehrte bereits Kaiserin Auguste Victoria in Winnemark ein ❹.

❶ Event Nature
Mühlenberg 4
24398 Sundsacker
T 04644 9737170
eventnature.de

❷ Der kleine Bauernmarkt
Marienthaler Weg 1A
24376 Kappeln
T 04642 987463

❸ Hof Ahmen
Luise und Andreas Sunder-Plassmann
Wacholder Weg 1
24376 Kappeln/Kopperby
T 04644 571
Bioschafskaese.de

❹ Gasthof Victoria
Dorfstraße 3
24398 Winnemark
T 04644 860
gasthof-victoria.de

Lacaune Milchschafe stammen aus dem Südosten Frankreichs, fühlen sich aber auch auf den kräuterreichen Wiesen und Weiden der Schleiregion wohl.

43 | *Ellenberg* Auf dem Holzweg

Hätte die Natur das Sagen, wären die Ufer der Schlei dicht bewaldet. Eine leise Ahnung, wie das aussehen, duften, sich anfühlen würde, bewahrt das Ellenberger Holz. Je früher man sich auf den Weg macht, desto besser. Es ist nur ein Wäldchen geblieben, viel zu klein, um den Holzweg, einen Wanderpfad zum Wasser, mit Massen zu teilen. Und je weniger Menschen sich vom schmalen Strand nach Rabelsund träumen, desto klarer tritt die Bilderbuchschönheit in Erscheinung. Wälder, Wellen und eine Reetdachkate hier und da. Das kommt der Perfektion schon ziemlich nahe.

Waldvernichtung hat in Schleswig-Holstein Tradition. Schon im 14. Jahrhundert, als Kappeln erstmals als „dat Dorp tho Cappel" urkundlich erwähnt wurde, stieg der Holzhunger norddeutscher Händler und Schiffsbauer ins Unermessliche. Die Blütezeit der Hanse wurde von vielen Regionen mit Waldarmut bezahlt. Immer mal wieder gab es Entscheidungsträger, die gegensteuerten. Bereits

Blick von Rabelsund auf das Ellenberger Holz. Die kleinen Strände scheinen zum Rüberschwimmen nah. Allerdings trennt sie die tiefste Stelle der Schlei.

Von den eigentlich typischen Buchenhochwäldern sind in Schwansen nur noch wenige kleine Waldinseln geblieben. So auch das Ellenberger Holz.

im 15. Jahrhundert belegte König Christian I. bestimmte Hölzer mit Ausfuhrverbot und im 16. Jahrhundert durften keine reinen Holzhäuser mehr gebaut werden. Später wurden Köhlereien verboten und noch später sogar Eichensärge. Aber immer wieder kamen auf Naturschützer diejenigen ans Ruder, die auf die Ausbeutung des Waldes setzten. Um 1800 waren nur noch vier Prozent der Landfläche Schleswig-Holsteins bewaldet; der Wald so gut wie komplett vernichtet.

❶ **Jugendherberge Kappeln**
Eckernförder Straße 2
24376 Kappeln
T 04642 8550
kappeln.jugenherberge.de

❷ **Bio-Bente**
Bernard-Liening-Straße 22
25376 Kappeln
T 04642 9251983
biobente.de

Es ist den Idealisten in Politik, Gesellschaft und Waldwirtschaft zu verdanken, dass dieser Tiefpunkt zugleich den Startschuss für die Wiederbewaldung darstellte. Doch so schnell wie ein Baum gefällt ist, so lange braucht er eben auch, um zu wachsen. So ist es trotz großer Kraftanstrengung in den vergangenen hundert Jahren lediglich gelungen, den Waldanteil auf elf Prozent zu steigern. Damit bleibt Schleswig-Holstein noch immer das waldärmste Bundesland. Allerdings ist es auch das Land mit dem zweithöchsten Bestand an Laubbäumen. Ihnen traut man zu, dem Klimawandel standzuhalten. Von besonders großer Bedeutung ist dabei die Buche. Wenn in regenarmen Zeiten andere Arten bereits die Blätter fallen lassen, leuchten die hohen, schlanken Bäume im Ellenberger Holz noch immer hellgrün wie die Hoffnung selbst.

INFO

Ellenberg ist ein Ortsteil von Kappeln (siehe Kapitel 24). Er liegt der Stadt gegenüber auf dem Schwansener Schleiufer.

Anreise

Parkmöglichkeiten sind am Ellenberger Holz Mangelware. Zum Waldweg sind es von der Brücke aus aber ohnehin nur zwei Kilometer über Barbarastraße und Königsberger Ring.

Erkunden & Erleben

Mit dem Neubaugebiet Schlei-Terrassen in Ellenberg und einem Ferienressort im benachbarten Olpenitz erfährt die Nordspitze Schwansens seit einiger Zeit einen Wandel wie keine andere Region in Norddeutschland. Unumstritten ist das nicht. Am besten macht man sich selbst ein Bild – im Rahmen einer Radpartie nach Weidefeld, einem der schönsten Ostseestrände von Schwansen.

Unterkommen

Luxuriöse Unterkünfte sind in Kappeln nicht schwer zu finden. Am Schwansener Ufer geht es aber auch anders. Für Nachhaltigkeit und möglichst kleinen CO_2 Fußabdruck steht die Jugendherberge Kappeln ❶.

Kein Schleiurlaub ohne ein Foto der idyllischen Reetdachkaten von Rabelsund. Am besten lassen sie sich vom Ellenberger Holz aus einfangen.

Einkaufen

Im Alltag oft kompliziert, wird es im Urlaub ganz leicht, sich nachhaltig zu verpflegen bei *Bio-Bente* ❷.

44 | *Schönhagen*
An der Ausgleichsküste

Wird es einem an der Schlei mal allzu idyllisch, pendelt man eben ans Meer. Das ist das Tolle an Schwansen. Zur Strandpromenade von Schönhagen etwa sind es von Arnis nicht einmal acht Kilometer. Die Küste verläuft fast gradlinig von Schleimünde bis Eckernförde und zeigt sich größtenteils als Abbruchkante. Nur in Damp (Kapitel 46) sowie zwischen Weidefeld und Schönhagen schmeichelt sie mit sandigen Strandabschnitten. Und bloß dort verläuft das Strandleben ostseeklassisch, mit typischer Strandgastronomie, Strandkörben und DLRG.
Schönhagen hat aber mehr als Sandstrand zu bieten. Hier schwingt sich auch die Schwansener Steilküste zu ihrer höchsten Höhe auf. Das bis zu 18 Meter hohe Kliff ist eines der aktivsten Steilufer der westlichen Ostsee. Der jährliche Abbruch kann bis zu einem Meter betragen. Je nachdem, woher der Wind weht und die Wellen wogen, transportieren sie Mergel und Sände die Küste hinauf beziehungsweise hinunter. In nördlicher Richtung lagert sich das

Seit Fahrräder auf der Steilküste nicht mehr erlaubt sind, ist eine Wanderung auf dem Klippenpfad noch entspannter – denn man muss nicht mehr ständig zur Seite springen.

Dicht an der Abbruchkante sind es von der Strandpromenade in Schönhagen etwa drei Kilometer bis zum Naturschutzgebiet Schwansener See.

Material in Schleimünde ab. Würde die Schlei dort nicht seit mehr als 200 Jahren künstlich freigehalten, hätte sie sich schon längst in eine von der Ostsee abgetrennte Seenkette verwandelt. Verlandung nennt man diesen Prozess. Wie das in der Vollendung aussieht, kann man südlich von Schönhagen erkunden; im Naturschutzgebiet Schwansener See (Kapitel 45).

INFO

Anreise

Bahn bis Eckernförde. Weiter mit Busline 710 nach Karby, Umstieg in 711 bis Schloss Brodersby. Oder mit dem Rad auf dem Ostseeküstenradweg; etwa 35 km.

Erkunden & Erleben

Neben klassischen Strandvergnügen eignet sich Schönhagen auch hervorragend zum Nordic Walking. Am Strandparkplatz befindet

Tourist-Information Schönhagen
Strandstr. 13
24398 Schönhagen
T 04644 7091000
schoenhagen-ostsee.de

Auf dem Trampelpfad zu bleiben, ist eine echt gute Idee. Wind und Wetter führen immer wieder zu Rutschungen und Abbrüchen. Also Vorsicht an der Kliffkante.

sich eine Übersichtskarte mit fünf empfehlenswerten Routen. Dort startet auch eine 11 km lange Tour für Inline- und Longboard-Skater.

Einkehren & Einkauf

In der letzten Milchtankstelle vor der Ostsee steht rund um die Uhr ein Automat für unbehandelte Milch bereit. Frische Freilandeier, selbstgekochte Marmeladen, Honig aus der Region und was man sonst noch so zum Frühstück braucht, findet man ebenfalls im kleinen Hofladen Karlbergfelder Milchtankstelle ❶.

❶ Karlbergfelder Milchtankstelle
Karlbergfeld 5
24398 Dörpfhof
T 04644 207
biobente.de

❷ Bäckerei Ebsen
Kappelner Str. 11,
24392 Süderbrarup
T 04641 2231
baeckerei-ebsen.net

❸ Café Hof Schwansen
Schloßstraße 8
24398 Schönhagen
T 01520 8450833
hof-schwansen.de

In Bäcker Ebsens Brötchen ❷ gehören keine Fertigmehle und keine industriellen Säurungsmittel. Eine besondere Spezialität des Traditionsbetriebes ist das direkt auf der Herdplatte gebackene Angeliterkraftbrot. Die Bäckerei selbst und das fabelhafte Bahnhofscafé befinden sich auf der anderen Schleiseite in Süderbrarup (siehe Kapitel 29).

Frühstück auf dem Bauernhof, auf Wunsch vegetarisch oder vegan. Nachmittags gib es im Café Hof Schwansen ❸ selbstgemachten Kuchen und instagram-taugliche Torten, bei schönem Wetter auch draußen.

Unterhalb der Steilküste ist der Strand steinig. Für Fossiliensammler ist das mindestens genauso spektakulär wie der Panoramapfad. Und ruhiger ist es ohnehin.

45 | *Naturschutzgebiet Schwansener See*
Von Schwänen und Schwansen

Die Wege zum Naturschutzgebiet Schwansener See hat man selten für sich allein. Sie lohnen sich trotzdem – egal, ob aus Schönhagen oder Damp kommend.

Die Landschaft Schwansen wurde nach dem Schwansener See benannt. Sein alter Name Svansø, Schwanensee, lässt vermuten, dass sich die eleganten, weißen Vögel dort schon vor ewigen Zeiten tummelten. Der See ist nur aus eigener Kraft zu erreichen und einzig von einem Aussichtspunkt des NABU einzusehen. Selbst dort braucht es ein Fernglas, um das heutige Naturschutzgebiet zu überblicken. Es umfasst in der Hauptsache den Binnensee, der einst eine Bucht war. Über Jahrhunderte türmten Wind

und Wellen hier den Abtrag der Schönhagener Steilküste zunächst zu Sandbänken und später Strandwällen auf, bis er schließlich vollständig vom Meer abgetrennt lag. Von Schönhagen und Damp gelangt man nach knapp drei Kilometern auf den reizvollen schmalen Nehrungshaken zwischen der See und dem See. Aus Damp kommend sogar barrierefrei. Übrigens: obwohl es logisch wäre und so schön romantisch klingt, heißt es nicht *Schwaansen*. Sondern *Schwannsen*.

Die Beobachtungsplattform liegt in Fernglasferne. Wer eins dabei hat, darf auf Sing-, Höcker-, Zwerg- und Trauerschwäne hoffen.

46 | *Damp*
Plötzlich zeitgeistig

„Das ist im ersten Moment schon ein Schock, wenn sie aus der Ferne die Ferienanlage Damp 2000 sehen“, musste der Chef des Fremdenverkehrsvereins Schleswig-Holstein in einem Radiointerview zugeben. Das war Anfang der 1970er Jahre und im Grunde hat sich daran nichts verändert. Noch heute wirken die massiven Bauten im Nirgendwo verstörend. Einzig den Namenszusatz 2000 ließ man irgendwann unter den Tisch fallen. Die Modernität, die man damit suggerieren wollte, hatte Damp ohnehin nie ausgestrahlt. Schon während der Bauphase wurde die Fehlplanung deutlich. Zu groß fiel die allgemeine Empörung aus über die Zerstörung der Natur, zu unattraktiv schien der kühle Kunstort, zu wankelmütig das Wetter in Norddeutschland – niemals würden die 7.000 Betten

Patina gibt's in Damp nur an Bord der *Albatros*. Der Passagier- und Frachtdampfer von 1912 lag schon am Strand, als Damp noch den Zunamen 2000 trug.

In Damp sollte man es machen wie die Bootsleute. Die Annehmlichkeiten der Marina genießen und für schöne Momente entlang der Küste ausschwärmen.

ausgelastet werden, ganz zu schweigen von den 300 Holzhäuschen, die man eigens in der DDR bestellt hatte. Also disponierte man spontan um. In einem der Gigagebäude entstand die erste bundesdeutsche Klinik für Sportmedizin.

Im Laufe der Jahrzehnte hat sich die Ostseeklinik einiges Renommee erarbeitet. Und die Lage wissen Patienten mehr als zu schätzen. Denn wenn man schon gesundheitlich so angeschlagen ist, dass nur noch Spezialisten helfen können, wo wäre man besser aufgehoben als am Meer? Besonders an einem barrierefreien Ort. Und das ist wirklich eine gute Seite von Damp. Es gibt noch weitere; nicht nur im medizinischen Bereich.

Für ein Land mit 84 Millionen Menschen, von denen etliche von einer Auszeit an der Ostsee träumen, verfügt Deutschland nicht gerade über viel Küstenlinie. In manchen Regionen ist es längst viel zu eng geworden und der Flächenverbrauch durch den Tourismus ist in Schleswig-Holstein ein echtes Problem. Besonders flächenintensiv ist die sogenannte Parahotellerie. Das meint Ferienhäuser, -wohnungen und Zweitwohnsitze. Die sehen zwar häufig gefälliger aus als Bettenburgen, führen aber zu rasant steigenden Immobilienpreisen und Verdrängung der Einheimischen. In der

Damp ist keine Schönheit auf den ersten Blick. Und auch nicht auf den zweiten. Strand und Meer sind aber prima und die Ökobilanz gar nicht mal schlecht.

Ostsee Resort Damp
Seeuferweg 10
24351 Damp
T 04352 80666
ostsee-resort-dampland.de

wichtigen Frage der Bodenversiegelung schlagen Ferienhäuser mit mit bis 200 Quadratmetern deutlich heftiger zu Buche als Hotelzimmer mit lediglich 20. Entschieden sich alle Gäste, die derzeit in Damp urlauben, für ein niedliches Reetdachhaus in Alleinlage, wäre Schwansen komplett zersiedelt. Zersiedelung wiederum führt zu mehr Autoverkehr und erhöht den Bedarf an Infrastruktur. Das ist teuer für die Kommunen und bedeutet mindestens die Zerschneidung von Biotopen, oft auch ihre Zerstörung.
So gesehen ist das in die Höhe gebaute Damp nachhaltiger als so manches Idyll. Umso mehr da das Dampland, wie es inzwischen heißt, ein breites Wellness-, Sport- und Spaßangebot bietet. Viele Urlaubende sind damit so zufrieden, dass sie ihre Zeit vollständig in der weitgehend autofreien Anlage verbringen. Das entlastet die Umgebung; die Straßen, Radpisten, Wanderwege und diejenigen, die sich gern abseits ausgetretener Pfade bewegen (siehe nächstes Kapitel).

INFO

Anreise

Bahn bis Eckernförde. Die Busline 710 braucht eine gute halbe Stunde nach Damp. Mit dem Rad sind es auf dem Ostseeküstenradweg etwa 20 km.

Einkehr

Als Partner der Initiative Green Chefs steht das À-la-Carte-Restaurant Isfjord ❶ im Dampland für regionalen Einkauf, respektvollen Umgang mit Lebensmitteln, Umweltbewusstsein und faire Arbeitsbedingungen.

Nur einen Wald- und Wiesenspaziergang entfernt, gefühlt aber Welten, schmeckt der frischgebackene Kuchen im Wohlfühlgarten des Achter't Holt famos ❷.

Exquisite regionale Küche mit Zutaten vom eigenen Acker, aus der eigenen Jagd oder von benachbarten Höfen. Das Restaurant Kuhhaus ❸ auf Gut Damp ist etwas für besondere Abende.

❶ **Restaurant Isfjord**
Seeuferweg 10
24351 Damp
T 04352 808233

❷ **Restaurant Achter't Holt**
Schau
24351 Damp
T 04352 5431
achtert-holt.de

❸ **Restaurant Kuhhaus**
Gut Damp
24351 Damp
T 04352 9549036
gut-damp.de

Ein Gutshof hat seine Vorzüge. Zugegeben. In Bezug auf Ressourcenverbrauch ist eine Bettenburg aber die nachhaltigere Urlaubsunterkunft.

47 | *Großwaabs und Kleinwaabs* Die Eckernförder Bucht

In Waabs, konkret bei Booknis, beginnt die Eckernförder Bucht. Immer am Strand spaziert, was im Prinzip möglich ist, würde man nach etwa 15 Kilometern den Marinestützpunkt von Eckernförde erreichen und hätte auf der gesamten Strecke nicht ein einziges Hotel gesehen, ja nicht einmal besonders viele Häuser oder Höfe. Doch die Tour wäre eine holperige Angelegenheit. Die Strände sind vielfach steinig; auf eine Art, die Gämsen gerade recht käme. Außerdem fehlte dann der Blick ins geschwungene Hinterland mit den typischen Knicks, das Zirpen der Grillen auf den Feldwegen durchaus spektakuläre Steiluferpfade.

Die Gemeinde Waabs hat zwei Gesichter. Im Sommer ist sie fest in Camperhand. Wer sich dafür nicht erwärmen kann, sollte außerhalb der Saison kommen. Dann wird es ruhig an den Geröllstränden. So ruhig wie die Angler, die in Wathosen hüfttief in den Wellen stehen. Im Herbst und Winter kann man das schon mal ganz für sich allein erleben. Und selbst wer nichts mit Camping am

Strandkörbe haben am Nordufer der Eckernförder Bucht Seltenheitswert. An einigen Abschnitten kann man selbst im Sommer die Ostsee für sich allein genießen.

Hut hat, stellt fest: Eine unbebaute Küste ist schon etwas Wunderbares. Etwa ab der Steilküste von Kleinwaabs hat man die andere Uferseite der Eckernförder Bucht, den Dänischen Wohld, gut im Blick. Dort stehen ebenso wenig Häuser wie auf Schwansener Seite. Und im Sommer ebenso viele Wohnwagen.

Von den 17 Waabser Siedlungen liegt einzig Langholz direkt an der Ostsee. Die hyggeligsten Ecken des kleinen Dorfs entgehen sogar Radfahrenden. Wie ganz Waabs offenbart sich auch Langholz nur denjenigen, die im Schritttempo unterwegs sind. Am herrlichsten ist das im ersten Frühlingsgrün, wenn die Ostsee in allen erdenklichen Blautönen leuchtet. Dann geht auch die Outdoor-Gemeinde allmählich wieder an den Start, um ihre Plätze herzurichten. Ganz sudje läuft das zu Beginn der Saison. Und sogar wer bis zu diesem Tag geschworen hätte, niemals auch nur einen Fuß auf einen Campingplatz zu setzen, windet sich einen Knoten ins Taschentuch. Nur zur Sicherheit, damit man nicht vergisst, an einem warmen Sommertag ins Camp Langholz zurückzukehren.

Steinstrände haben eine eingebaute Ruhegarantie. Denn sie sind nicht ideal zum Baden, nicht einmal zum Spazieren. Und das ist ja gerade das Gute.

INFO

Waabs liegt im nördlichen Schwansen zwischen Eckernförde und Damp.

Südtour Großwaabs

Bahn bis Eckernförde. Buslinie 711 bis Großwaabs. Der Seestraße bis Waabshof folgen. Hier windet sich ein uralter Hohlweg zur Ostsee. Dort geht es auf dem Uferpfad in nördlicher Richtung nach Booknis. In der Ferne ist schon Damp zu sehen, wenn es beim Fischleger wieder landeinwärts geht. Hinter dem Campingplatz Koralle führt ein Pfad zurück zur Seestraße. Länge 7,6 km.

Zwischen Waabs und Langholz schwingt sich das Steilufer zu beträchtlicher Höhe auf. Oben warten Bänke und Liegen mit Panoramablick.

Nordtour Kleinwaabs

Bahn bis Eckernförde. Buslinie 711 bis Waabs Mühlenstraße. Über Dorfstraße und Strandweg bis zur wunderbaren Badestelle Kleinwaabs wandern. Dort schwingt sich ein Wanderpfad mit tollen Aussichtspunkten die Steilküste hinauf und am Strand von Langholz wieder hinunter. Hier geht es die Straße Seeberg hinauf. Sie geht bald in einen ausgeschilderten Wanderweg über, der an einem Großsteingrab vorbei über Flintholm zurück zum Ausgangspunkt leitet. Länge 5,5 km.

48 | *Langholz*
Zurück zur Natur

Zum Ende der Saison stapft die Jury zwischen Zelten und Wohnwagen durch Camp Langholz auf der Suche nach dem schönsten aller Plätze. Schön, das meint hier keinen englischen Rasen oder akuraten Jägerzaun, sondern das Gegenteil. Punkte gibt's für heimische Büsche, Sträucher und Blumen, die Vermeidung von Kunststoff oder die Gestaltung mit Strandgut. Daran herrscht kein Mangel am zwölf Kilometer langen Strand von Waabs, wo man nie so genau weiß, wie er morgen aussieht. Möglich, dass der Sand vom Lieblingsstrand vom letzten Sommer im nächsten an ganz anderer Stelle auftaucht. Es ist eben Natur. Nichts künstlich Vorgespültes oder Angekarrtes. Für Fossilienfreunde gleicht das dem Paradies. So sehen es auch die Langzeitcamper im Camp Langholz, die es auf den Wanderpokal abgesehen haben. Immerhin ist der »Campus Naturalis Kranich« mit der halben Miete für die gesamte nächste Saison dotiert.

Bunte Zirkuswagen und weitere Glamping-Unterkünfte bezaubern im Camp Langholz auch Gäste, die sonst nichts mit Camping am Hut haben.

Langholz liegt an einem sandigen Abschnitt des zwölf Kilometer langen Strandes der Gemeinde Waabs. An Steinen und Muscheln herrscht aber auch kein Mangel.

Camp Langholz unterscheidet sich von den Klischees, die über Campingplätze existieren. Zwar finden auf dem kleinen, abgeschiedenen Areal auch traditionelle Camper ihr Sommerzuhause. Viele schon seit Jahrzehnten. Doch seit der Großvater den Platz vor einigen Jahren an den Enkel weitergab, hat auch eine neue Zielgruppe das Camp für sich entdeckt. Mit ihnen setzte ein Wandel ein, der mit jeder Saison noch deutlicher hervortritt. Offen, grün und wild statt Parzellen aus Plastikplanen, alternativ statt uniform, Gitarrenmusik am Lagerfeuer statt Schlagerbeats aus Boxen und über allem steht der Gedanke, die Natur zu spüren und zu schonen. So wie das im Ursprung einmal gedacht war beim Camping.

Hinter dem Torhaus aus dem 16. Jahrhundert öffnet sich der Hofplatz von Gut Ludwigsburg, der ebenso wie der Gartenbereich weitgehend zugänglich ist.

❶ Touristik Verein Waabs
Mühlenstr. 1
24369 Waabs
T 04352 9548468
touristikverein-waabs.de

❷ Camp Langholz
Fischerstraße 9
24369 Waabs
T 04352 911484
camp-langholz.de

❸ Bioland Hof Großholz
Großholz 1a
24364 Holzdorf
T 04352 918490
bioland-hof-grossholz.de

INFO

Das Dorf Langholz gehört zur Gemeinde Waabs ❶ und liegt im nördlichen Teil von Schwansen.

Anreise

Bahn bis Eckernförde. Weiter mit Buslinie 711. Von der Haltestelle Waabs Abzw. Langholz geht es in einer Viertelstunde zu Fuß ins Camp ❷. Mit dem Fahrrad sind es vom Bahnhof in Eckernförde rund 15 km.

Übernachtung

Neben Zeltwiese und Bulli-Plätzen stehen Pods, Zirkuswagen und Safari-Zelt zur Vermietung. Das »Proviantamt« verkauft frische Brötchen, Bio-Milch und fair gehandelten Kaffee. Das Team der Strandräuber-Spelunke sorgt für Lesungen, Singer-Song-Writer Acts und Bio-Bier.

Einkehren & Einkaufen

Hof Großholz ❸ ist ein Big-Player unter den Gemüse-Direktvermarktern und kann auf beträchtliche Erfahrungen zurückblicken. Mehr als 300 Arten und Sorten wachsen auf den kleinen Feldern, die bereits seit den 1980er Jahren mit Pferden bestellt werden. Einmal in der Woche kann direkt auf dem Hof eingekauft werden, ansonsten auf den Wochenmärkten in Kappeln, Eckernförde und überregional im Handel. Zur Erdbeerzeit ist täglich Selbstpflücken angesagt. Kräuterwanderungen und Vogelkundliche Führungen runden das Angebot zu bestimmten Terminen ab.

❹ **Biohof Sülzle**
Dorfstraße 24
24366 Loose
biohof-suelzle.friedhold.de

In siebter Generation auf dem Hof ❹, seit 2014 Biobetrieb und im Sommer 2021 wurden die ersten Angler Sattelschweinferkel geboren. Der Erhalt alter Rassen ist für die Friedholds ebenso Herzensangelegenheit wie viel Platz für die Schweine und Rinder auf den Wiesen. Ist der Hofladen in Loose gerade nicht geöffnet, gibt es immer eine Auswahl am Selbstbedienungsautomaten. Darunter Grillfleisch und Grillwurst in Bioqualität, auch Grillkohle und Grillanzünder aus deutscher, nachhaltiger Produktion.

❺ **Gut Ludwigsburg**
24396 Waabs
T 04358 989833
(Hof-Café)

Nicht nur der leckere Kuchen in der alten Räucherei von Gut Ludwigsburg ❺ zieht Besucher auf das Gestüt. Das Herrenhaus auf dem Fundament einer mittelalterlichen Wasserburg und umgeben von einem Hausgraben ist selbst ein Hingucker. Nach einem Konzert im Schlosspark oder Führungen in die Bunte Kammer – mit einer Vertäfelung bestehend aus Ölgemälden – kann man auch gleich noch die Einkäufe im Hofladen erledigen. Dort gibt es Ludwigsburger Wildschwein, Dam-, Reh-, Sikawild sowie eigens angebautes Gemüse, verschiedene Weine, Honig und Marmeladen. Übernachten kann man auf Gut Ludwigsburg übrigens auch.

❻ **Gut Sophienhof**
24369 Waabs
T 04358 63 800 45
gutsophienhof.de

Erkunden & Erleben

Tagsüber warten jede Menge Spielgeräte auf kleine Gäste und auf größere SwinGolf, quasi die Öko-Variante des Golfsports. Eine Platzreife ist nicht erforderlich. Eine Einweisung im Tagesticket ebenso enthalten wie die Ausrüstung. Übernachten kann man auf Gut Sophienhof ❻ übrigens auch: im alten Pferdestall schläft man mit eigenem Schlafsack und in eigenem Zimmer auf Heu und Stroh.

Zwischen Gut Ludwigsburg und Gut Hohenstein kuschelt sich das Langbett von Karlsminde in die Hügel. Das Hünengrab aus der Jungsteinzeit wurde etwa 2.500 vor Christus aus gewaltigen Findlingen errichtet. 2,5 Tonnen wiegen die Brocken der 56 Meter langen und öffentlich zugänglichen Megalith-Grabanlage.

49 | *Eckernförde*
Fair Trade Town

Jährlich kommen rund zwei Millionen Tagesgäste nach Eckernförde. Sie freuen sich auf einen feinsandigen Strand, lang genug für ausgedehnte Spaziergänge, einen trubeligen Hafen, in dem noch Fisch vom Kutter verkauft wird, eine malerische Altstadt mit großartig sortiertem Einzelhandel und ein breites Angebot an Gastronomie. Dabei wird der eine oder die andere in Eckernförde einen nachhaltigen Ausflug erleben, ohne es darauf angelegt zu haben oder auch nur zu merken. Denn Vieles, was andernorts gerade erst ins Bewusstsein gelangt, wird hier seit langer Zeit gelebt.

Eckernfördes ökologische Ausrichtung begann bereits Mitte der 1980er Jahre. Als bisher einzige Kommune hat die Stadt seitdem schon viermal den Titel „Umweltfreundliche Gemeinde" erhalten. Viele Geschäfte, Gastronomiebetriebe, Institutionen und auch Schulen achten auf fair gehandelte Produkte. Seit 2012 ist das Ostseebad anerkannte Fairtrade-Town. Auch die Auszeichnung „StadtGrün – naturnah" der deutschen Umwelthilfe darf

Am Borbyer Ufer gegenüber der Hafenspitze zieht sich eine Promenade am Uferpark und Strand entlang bis zum Eckernförder Segelclub.

Die Engelskulptur auf dem Rundsilo wurde im Jahr 2003 im Zuge einer Spendenaktion für Unicef auf dem Eckernförder Wahrzeichen am Hafen installiert.

Eckernförde sich ans Revers heften. Und für die Naturfilmbranche wird die Bucht immer im September zum Nabel der Welt. Dann steigt das Festival GREEN SCREEN mit Vorträgen, Workshops und herausragenden Dokumentarfilmen. Sie zeigen die Schönheit der Natur und ihre Zerbrechlichkeit, thematisieren Klimawandel und Artensterben, laden uns zum Träumen ein und fordern uns zum Handeln auf. Mehr Infos unter greenscreen-festival.de.

Anreise
Bahn bis Eckernförde ❶.

Übernachtung
Schlafen unterm Sternenhimmel, mit Meeresrauschen im Ohr und Ostseeduft in der Nase. Das ist in Eckernförde gleich auf zwei ungewöhnliche Arten möglich. Am Hauptstrand stehen etwa Schlafstrandkörbe, groß genug für zwei Erwachsene, gemütlich, wenn man die Persenning fest verschließt, wildromantisch mit offenem Verdeck. Als Luxusvariante können die Sleeperos am Südstrand gelten; die Schlafcubes sind mit Doppelbett und guten Matratzen, Decken und Kissen aus nachhaltigen Materialien ausgestattet. Beide Glampingerlebnisse (Glamouröses Camping) sind auf den Seiten von Eckernförde Tourismus zu buchen.

❶ Eckernförde Tourismus
Am Exer 1
24340 Eckernförde
T 04351 7179 0
ostseebad-eckernfoerde.de

Die verwinkelte Altstadt bezaubert mit vielen denkmalgeschützten Gebäuden. Individueller Einzelhandel gehört hier noch nicht der Vergangenheit an.

Einkaufen

Naturkosmetik, Naturmode, Naturschuhe ... Es gibt kaum etwas, dass man in Eckernförde nicht in der nachhaltigen Variante fände und viel zu viele schnuckelige, kleine Geschäfte, um alle zu erwähnen. Selber Bummeln ist angesagt.

❷ **Wochenmarkt**
Eckernförde
Kieler Str. 22
24340 Eckernförde

Käse vom ältesten Bioland Betrieb Schleswig-Holsteins, Microgreens von der Verture Farm, Gemüsetappas aus Borby, der Secondhandtruck TÜÜTA mit Kinderkleidung und der inklusive Stand von Die-Eckern-Förderer – es sind schon wirklich ganz besondere Marktbeschicker, die ihre Waren jeden Mittwoch und Sonnabend in Eckernförde anbieten ❷:

Jugendliche und Erwachsene setzen sich im Weltladen Grünes Haus ❸ ehrenamtlich für fairen Handel ein. Im Sortiment: Kaffee, Tee, Schokolade, Honig, Gewürze, Taschen und 100% faire Mitbringsel.

Lose, bio und fair geht es in einem Innenhof beim Rathaus ❹ zu. Der kleine Naturgarten mit Stauden, Kräuterbeeten und Wildrosen-Ecke wurde beim bundesweiten Wettbewerb „Wir tun was für Bienen" mit dem 2. Platz gewürdigt.

Einkehren

Bei Schietwetter manchmal geschlossen, bei Sonnenschein einer der schönsten Plätze Eckernfördes. Der Blick vom kleinen Pavillon in der Natur-KostBar ❺ am Borbyer Ufer auf den Hafen erfreut ebenso wie hausgemachte Kuchen, Torten und Mittagssnacks, alles bio und so weit möglich regional.

Einen Strandspaziergang von der City entfernt, macht Frederica Poldemengo ihren Gästen im Il Rosso ❻ ein typisch italienisches Angebot: so gut, dass man nicht ablehnen kann. Kompromisslos vegetarisch, vielfach vegan – beste Zutaten und Nachhaltigkeit verstehen sich von selbst.

Die schönsten Sonnenuntergänge Eckernfördes passen zu den köstlichsten Bowls der Stadt genauso prima wie zum feinen Treib-Gut ❼ Labskaus oder in Meerwasser gekochten Kartoffeln.

Erkunden & Erleben

Eckernförde lässt sich am besten zu Fuß, teilweise aber auch im Rollstuhl entdecken. Am Info-Point in der Kieler Straße 59 liegen Flyer zu unterschiedlichen Touren aus. Dabei geht es etwa auf einen Spaziergang durch Eckernfördes Kunst im Öffentlichen Raum, auf den Spuren der Sprotte durch die Geschichte oder auf dem großen Stadtrundgang zu allen Highlights in Innenstadt, Hafen und am Strand.

Einen Einblick in die geheimnisvolle Welt der Seehasen, Aalmuttern, Knurrhähne und Seeskorpione bieten die Meerwasseraquarien an der Hafenspitze. Kinder dürfen dort Seesterne streicheln und Strandkrabben füttern.

❸ Grünes Haus
St.-Nicolai-Str. 21
24340 Eckernförde
T 04351 712988
sankt-nicolai.de/unsere-gemeinde/weltladen

❹ freihandel
Rathausmarkt 2
24340 Eckernförde
T 04351 8803456
frei-handel.de

❺ Natur-KostBar
Vogelsang 40a
24340 Eckernförde
T 0177 1804201
natur-kostbar.com

❻ Il Rosso
Am Bahnhof 14
24340 Altenhof
T 04351 4699902
ilrosso.de

❼ Treib Gut
Kiekut 1
24340 Altenhof
T 04351 8895613
restauranat-treibgut.de

50 | *Eckernförde und weiter*
Der Wind auf den Wegen

Dafür, dass alle Welt ans Meer will und Nachhaltigkeit zu den wichtigsten Themen unserer Zeit gehört, sind erstaunlich wenig Ostseebäder an das Netz der Deutschen Bahn angeschlossen. Und kaum ein Ostsee-Bahnhof liegt so nah am Strand wie der von Eckernförde. Hier sind es wirklich nur wenige Schritte. Kaum aus dem Zug herausgehopst, fällt Eingeweihten direkt am ersten Verkehrsschild ein schwarzer Aufkleber mit weißem Kreuz ins Auge. Es ist das Andreaskreuz, das den Fernwanderweg E1 markiert.

Wer noch nie auf einem Fernwanderweg unterwegs war, kennt vielleicht nicht das fast geheime Wegenetz, das die ganze Welt durchzieht. Die Zeichen kleben an Ampeln und Laternenpfählen, sind an Baumstämme oder auf Findlinge gepinselt. Die Wegführung ist so naturnah wie möglich gehalten. Wo immer möglich, schickt sie auf wenig frequentierte Pfade. Das macht Fernwanderwege zu magischen Korridoren, geschützten Räumen, die für eine Weile vollkommen von allem Bekannten abschirmen.

Wer sich in Eckernförde auf einen der längsten Fernwanderwege der Welt macht, erreicht in etwa vier Tagen die Flensburger Förde, wo dieses Buch begann.

In südlicher Richtung führt der Fernwanderweg E1 zunächst zum Hauptstrand und begleitet dann die Eckernförder Bucht bis zur Kieler Förde.

Bis sie am nächsten Touristen-Hot-Spot wieder ins reale Leben finden, sind Wandernde damit beschäftigt, die Wegzeichen zu finden, eine Einkehrmöglichkeit, eine Ruhebank oder schlicht und einfach durchzuhalten. Ist die Natur dazu auch noch herrlich, setzt früher oder später dieser Flow ein, der schon die Romantiker auf Trapp brachte. Sie waren es, die im ausgehenden 18. Jahrhundert das *zweckfreie Wandern in der Landschaft* populär machten. Zweckfrei! Fantastisches Wort, das im normalen Leben häufig zu kurz kommt. Es lohnt sich also, es einmal auszuprobieren.

Der E1 ist der längste von zwölf Europäischen Fernwanderwegen. Getragen vom Europäischen Gedanken wurden sie in den 1960er Jahren geplant und sind längst nicht alle tip top in Schuss oder auch nur bis zum Ende durchkonzipiert. Der E1 aber, der vom Nordkap nach Sizilien führt, ist - mindestens in Schleswig-Holstein - ein Kinderspiel. In südlicher Richtung bleibt er dicht am Wasser, zunächst entlang der Eckernförder Bucht, dann an der Kieler Förde. Von dort schlängelt er sich durch die Holsteinische Schweiz, um bei Neustadt wieder auf die Ostsee zu treffen. Genau das Richtige für Meeresfreunde also. Umso erstaunlicher, dass sich gar nicht so viele auf das Abenteuer einlassen, wie man meinen sollte. Sogar noch weniger Leute trifft man auf dem E1 in nördlicher Richtung.

Südlich von Eckernförde geht es genauso fabelhaft weiter wie in nördlicher Richtung. Aber das ist eine andere Geschichte. Und braucht ein anderes Buch.

Hier geht es mit einem Exkurs in die Berge los; die Hüttener Berge um genau zu sein, die in Wahrheit keine Berge sind, aber hoch genug, dass man vom höchsten Gipfel Ostsee und Schlei gleichermaßen in der Ferne funkeln sieht. Die zweite Etappe führt in die Wikingerstadt Schleswig und weiter auf der alten Handelsroute Ochsenweg bis zum ältesten Gasthaus Schleswig-Holsteins in Oeversee (historischer-Krug.de). Am vierten Tag ist die Flensburger Förde das Ziel. Dort geben sich der deutsche und der dänische E1 die Hand; etwa dort, wo dieses Buch begann.

INFO

Wandert man am Tag rund zwanzig Kilometer, ist man mit dem E1 ziemlich genau 400 Tage beschäftigt. Vier Tage wären ideal für die Etappen zwischen Schwansen und Angeln: https://e1.hiking-europe.eu/e1